子どもの事故防止に関する ヒヤリハット体験の 共有化と教材開発

保育・幼児教育の現職者と
実習大学生のキャリア発達から

［著］
Ito Tomoyuki
伊東知之
Ohnogi Hiroaki
大野木裕明
Ishikawa Akiyoshi
石川昭義

福村出版

[JCOPY]〈出版者著作権管理機構 委託出版物〉
本書の無断複写は著作権法上での例外を除き禁じられています。複写される場合は、そのつど事前に、出版者著作権管理機構（電話 03-3513-6969、FAX 03-3513-6979、e-mail: info@jcopy.or.jp）の許諾を得てください。

目 次

はじめに 7

序 章

怪我・事故防止策としてのヒヤリハット体験、その積極的な活用に向けて

  第 1 節 問題の設定 12

  第 2 節 ヒヤリハット体験とは何か 14

第 1 章

ヒヤリハット体験発生の現状とキャリア発達的要因の検討

  第 1 節 目　的 22

  第 2 節 方　法 23

  第 3 節 結　果 25

  第 4 節 考　察 41

   附票 1　子どもの重大事故 54 場面の一覧表（田中ら, 2003）......... 46

第 2 章

怪我・事故場面におけるヒヤリハット認知の現職者―実習大学生間の比較

  第 1 節 問題と目的 50

  第 2 節 方　法 52

  第 3 節 結　果 53

  第 4 節 考　察 64

  第 5 節 次章への総括 66

第3章
実習大学生のヒヤリハット認知を高めるための教材開発研究

第1節　問題と目的 70
第2節　方　法 71
第3節　結果と考察 73
　　附票2　QアンドA型ヒヤリハット24場面 83

第4章
実習大学生におけるヒヤリハット認知の学年差および現職者との比較

第1節　問題と目的 90
第2節　方　法 90
第3節　結果と考察 92
第4節　次章への総括 99

第5章
子どものヒヤリハット認知能力を高めるための塗り絵教材の開発的研究（Ⅰ）

第1節　問題と目的 104
第2節　方　法 105
第3節　結果と考察 106
第4節　まとめ 115
　　附票3　ヒヤリハット認知を調べるための図版40 116
　　附票4　場面ごとの回答の要約 126

第6章
子どものヒヤリハット認知能力を高めるための塗り絵教材の開発的研究（Ⅱ）

　　第1節　問題と目的 ･･ 132
　　第2節　方　法 ･･ 135
　　第3節　結　果 ･･ 136
　　第4節　考　察 ･･ 142
　　　附票5　ヒヤリハット認知を調べるための図版36 ･････････････ 146

第7章
総合的考察

　　第1節　本書の成果の位置づけ ･････････････････････････････････ 156
　　第2節　結果の総括 ･･ 157
　　第3節　結　語 ･･ 162

初出一覧 ･･･ 164
引用文献 ･･･ 165

はじめに

　「教育・保育施設等における事故報告集計」(平成28年4月18日、内閣府)によると、教育・保育施設等(放課後児童クラブを含む)で発生した死亡事故や治療期間30日以上の重篤事故は、平成27年4月から同年12月末の間で627件発生している。認可保育所23,533か所(平成27年4月時点)に限ると負傷342件および死亡2件であり、その約半数が室内、該当者の年齢は加齢に伴って発生数が多くなってきているという。これは報告された怪我・事故にすぎず、ハインリッヒの法則が示唆するように報告されない軽微な怪我・事故となると、おそらく膨大な数だろう。このような現状の中、園内での子どもの事故防止が重要課題であることを疑問視する保育士・幼稚園教諭の方々はおそらく誰もいないだろう。実際、有力な対策がいろいろなされている。その1つは、最新の医療事故統計による情報提供を受け、事故防止策に反映することである。もう1つは事故発生後の医療的な応急処置の知識を身に付けることである。これらは園内や行政単位の研修などで継続的に周知徹底されている。
　しかしながら、大学における保育士や幼稚園教諭の養成課程ではどうだろうか。あえて正直に述べるならば、かなり立ち後れているのではないだろうか。例えば、保育実習や幼稚園実習に臨む学生の事前事後指導では精神訓話的な指導はするものの、具体的な場面でどうしたらよいかといったことに触れることは少ないのが現状だろう。どちらかというと、「それは大人としてあらかじめ備わっている常識」「いまさら大学で〜」などとみなされることが多いのではなかろうか。残念ながら、実習先の園内で発生する事故の防止策にまでは事前指導が行き渡っていないのが現状のように思われる。しかし、園内での事故は後を絶たず、職員でさえ「ヒヤリ」「ハッ」とする場面がある。初めて実習生として入る「職場」の物的環境や人的環境にはすぐに馴染んで動けるはずもない。

本書は、大学段階での養成教育と現職者の研修の立場から、子どもの安全確保と事故防止を具体的に検討したものである。大きな特徴は少なくとも3つある。
①小児医学や身体運動学ではなく、現場経験を集約した。各園における地道な経験則を勤務先の園内にとどめるのではなく、園を越えて広く共有化しようとした。
②いわゆるヒヤリハット体験について場面の事例集にとどまらず、幼児教育者の人的要因、すなわち危険感受性・危険予知能力等として捉えて、これを実習学生から現職者までの職能的なキャリア教育の核の1つとして見通そうとした。
③上記の①と②をベースとして、ヒヤリハット認知能力の育成に関する具体的な教材開発研究を展開した。
　最近、内閣府は、地方自治体と施設・事業者に向けに、「教育・保育施設等における事故防止及び事故発生時の対応のためのガイドライン」（平成28年3月）を出すに至った（http://www8.cao.go.jp/shoushi/shinseido/meeting/index.html）。国もこのような問題に対する重要性をしっかりと認識している証拠であろう。微力ではあるが本書の刊行が、その裾野を広げる一助になればと考えている。

　この研究チームの一人である伊東知之は「図画工作」「造形」関係の学部教育に携わっており、本書ではいろいろな作業中の怪我に関する配慮や教材開発にも力を発揮した。本書にあらわれた多くの図は、調査を踏まえて、すべて伊東が作図したものである。大野木裕明は「教育心理学」「発達心理学」の学部教育に携わっており、主として子どもの認知能力の発達への知識提供や調査的研究のとりまとめ作業にあたった。石川昭義は「保育原理」「保育者論」等多くの学部教育に携わっており、現職の保育士の方々との専門的なコミュニケーションに多くの力を注いだ。
　異なる専門を持つ3名が研究チームを結成することができたのには多くの幸運が重なっている。その1つは、異なる教育的キャリアを持つ3名が現在の勤務先である新設学部に2009年から教員として着任するという偶然の出会いが

あったからである。3名は他の教職員と共に同じ学生の成長をみることができ、そのような中で自然に、このようなレレバンスの高い研究課題が浮かんだ。

　研究に着手するにあたっては多くの方々にご指導やご支援をいただいた。三和優先生（現在、仁愛女子短期大学名誉教授）、西村重稀先生（現在、仁愛大学名誉教授）に絶大なお導きをたまわった。三和先生は仁愛女子短期大学幼児教育学科の教授として福井県内の幼児教育に貢献なさるかたわら、折に触れて我々にアドバイスをしてくださった。西村先生は我々の一人（石川）を医療事故の専門家である田中哲郎先生に紹介してくださり、あわせて福井県内の保育研究や現職研修の活動状況について教えてくださった。また職場の先輩として我々の研究活動を励ましてくださった。ヒヤリハット場面の経験を集約するにあたっては多くの現職の保育士の方々にご理解をたまわった。特に仁愛女子短期大学（禿正宣学長）の卒業生の皆様からは、積極的に、温かくご理解ある回答をたまわった。我々の一人（石川）が前の勤務地において交流のあった愛知県犬山市の現職保育士と関係者の皆様には、研究1の調査に対してご協力いただいた。本書は、多くの方々に支えられて陽の目をみたのであり、ここに記して謝意を表する。

　なお、本書は日本学術振興会の平成28年度科学研究費助成事業（科学研究費補助金）（研究成果公開促進費）（課題番号16HP5236）による出版助成を受けている。刊行をお引き受けくださった福村出版社長の宮下基幸様、出版編集の労を取っていただいた小山光様にお礼申し上げる。

平成29年1月

執筆者一同

序 章

怪我・事故防止策としてのヒヤリハット体験、
　その積極的な活用に向けて

第1節　問題の設定

　本書は、子どもたちの怪我・事故の防止策に関わる認知的要因、とりわけ危険感受性や危険予知能力など、「ヒヤリ、ハットする場面」で働く人的能力に関する調査的研究である。そして、その成果の積極的な活用に関する実践的な研究である。
　本書の研究上の大きな特色は2つである。1つ目は、現職者（保育士、幼稚園教諭）の経験知と、将来の乳幼児保育および幼児教育を志望する養成課程の学生（以下、志望［大］学生あるいは実習［大］学生と呼ぶ）を、職業的幼児保育・教育者のキャリア発達の視点から捉えていることである。このために、現職者と志望学生の比較や養成課程の学生の学年的変化（年齢的変化）を検討の中心に据えている。
　2つ目は研究アプローチの方法である。本書の共同研究者3名はそれぞれ、図画工作や造形を専門として「表現」領域に関わる教材開発、教育心理学と子どもの発達心理学、教育学を基礎とした保育学が専門であり、同じ職場で同じ養成課程の学生の養成に携わっている。このために、専門の異なる研究者・教育者が同一課題に対して日常的に総合的なアプローチをとることが可能となっている。また地域の現職者と密接な教育的・研究的コミュニケーションをとる機会を有し、今回の一連の教育研究に対して700余名の現職者から調査協力を得ている。成果が具体的・実用的な性質を帯びているのは、おそらくこのためである。本研究はこのような教育的・研究的条件の下で行われたので、子どもたちの怪我・事故防止策に関する実践的な研究として位置づけることができ、また現職研修の一端を担うことができるものと確信している。
　ここで、本書で扱うヒヤリハット場面とヒヤリハット認知について、補助線としてその現状分析に触れておく。
　まず研究の方向性を支える我々の立場を明らかにしておく。我々は、大学に設置された保育士養成課程と幼稚園教諭の教職課程に関わる大学教員として、明日の職業的実践家を目指す学生の教育に深く関わっている。地域の現職者と我々は、まずは保育士や幼稚園教諭を目指す学生の保育実習・教育実習を通じ

て関わりを持っている。実習生を送り出す大学と実習生を受け入れる園との間では、実習学生を通じて、ある水準以上の質を帯びたコミュニケーションがとれている。これは学生の就職の送り手サイドと受け手サイドの関係という発展的な広がりがその背景にある。大学サイドでは、そのことを通じて現場と大学の継続教育や現職研修の一端を担っている。あわせて、送り出す大学と子どもたちを預かっている園とは、学生の質に関する信頼に基づいて養成教育上の連携が構築されている。

　次に、本書の研究課題であるヒヤリハット認知能力について、その人的能力の重要性を論じることにより、本研究課題のレレバンスを確認しておく。学生は保育園・幼稚園・認定こども園等へと実習生として出向いてさまざまなことを学ぶ。実習で学ぶことは多々あるが、なかでも子どもたちの怪我や事故の発生に関わることは最優先事項の1つである。保育や幼児教育で体験的に学ぶことは多々あるが、失敗が許されない実習体験もある。それは、子どもたちの安全・安心に関することである。もちろん、そのために大学や実習園では繰り返し事前指導や事後指導を行うわけであり、これは基本的な重要課題といえよう。

　ところが、これまで、実習に関わる安全配慮の諸注意は、ややもすると事務連絡や精神訓話の類いにとどまり、研究課題としては等閑視されてきた傾向がうかがえる。また、あるとしても園内の申し合わせ程度にとどまっていることが多く、園と大学の間の連携や共有化は今ひとつであった。実際、国立保健医療科学院生涯保健部長（当時）の田中哲郎（2006）は、その本の冒頭で、保育所においてどのくらいの頻度で事故が発生しているかについては全国的な調査がないので明らかではない（p.1）とまで述べている。このようなわけで事故統計はあるものの、どのような条件下で怪我や事故が誘発され発生しやすいのか、どうすれば子どもたちの怪我・事故を未然に回避できるのかは必ずしも十分には明らかにされていない。

　この問題解決の重要性と緊急性は、保育や幼児教育以外の養成教育に目を転じると明らかになるだろう。例えば看護教育の分野では、看護師養成課程あるいは現職研修として危険予知トレーニング（KYT）のプログラムが位置づけられたり（兵藤, 2007）、現場のヒヤリハット体験を網羅的に収集し共有化を図っ

たりしている（川村, 2003；川島, 2007）。そして、これらは怪我・事故防止策として位置づけられている。同様のことは、例えば、交通事故の発生に関しても試みられている（日本交通心理学会, 1993）。各地では、交通事故のヒヤリハット体験の発生した地点のマップ作りがなされたり、危険予知トレーニングの試みが学校でなされたりしている。

　もちろん、幼児保育や幼児教育においてもこのような配慮がなされていることは事実である。しかしながら、大学生の養成教育の中で積極的に安全配慮の取り組みを事故防止策として位置づけ、それらを広く共有化することに関しては、必ずしもこれまで積極的に取り組んでいるとはいえなかった。どちらかというと、精神訓話の域にとどまっていた。

　このようなことから、本研究では、生態学的な妥当性の高い課題の1つとして、事故発生の前段階としての具体的なヒヤリハット場面の実態把握を行う。そして、現職者と養成課程学生のヒヤリハット認知の違いをキャリア発達的な観点から検討し、最終的にはヒヤリハット認知の能力、仕事上の危険予知能力をどのように育成していくかに関する研修プログラムの開発を検討していこうとする。

第2節　ヒヤリハット体験とは何か

1. 人的要因と環境的要因

　怪我・事故発生の防止策、すなわち具体的な安全配慮対策は、大きくは人的要因と環境的要因に分けられるだろう。本研究では、人的要因のうちの個人の内的要因、すなわちヒヤリハット認知能力を高めることによって、現場で活きて働く保育・教育上の事故防止力あるいは危険感受性の育成を目指していく。検討課題を人的要因に絞ったのは、我々が保育士・幼稚園教諭の大学における養成課程に関わっていて、また地域の現職者と実習を通じての養成や現職研修の一翼を担う機会があるためである。

2. ヒヤリハット体験の定義

　危険予知能力、危険感受性、安全・安心意識など、事故防止策としての注意配慮に関する用語はいろいろな領域で使われている。ヒヤリハット体験も関連するその1つであるといえよう。ヒヤリハット体験にもいろいろな定義があるが、本研究においては用語間の定義の異同に立ち入ることはせず、研究目的に照らしてひとまずは次のように定義する。
　「結果として重大事故に至らず未然に気づいて回避した場面の体験。あるいは事故の程度が軽度にとどまったが重大事故の可能性もあった場面の体験」
　これに2つ補足する。

①最悪の結果が予測できるが、偶然かあるいは作為的に、最悪の直前段階でどどまった場面に関すること。
②「ヒヤリハット」の語から明らかなように、直面した危険に対して驚いたり恐怖感を抱いたりした感情を伴う体験であること。

　有名なハインリッヒの法則（Heinrich, Petersen, & Roos, 1980）によると、重大な事故が1件発生するまでには、その周辺や背景として軽い事故（インシデント incident）が29件、ヒヤリハットしたことが300件あるという。もちろんこの数字そのものは領域によって大きく異なるが、いずれにせよ重大事故に至るにはそれまでにインシデントやヒヤリハットが数多く発生していることが示唆されている。言い換えると、人が感じるヒヤリハット体験の直後に重大事故が発生するという行為の時系列的な連鎖の中で、予兆としてのヒヤリハット体験を位置づけることが考えられる。つまり、ヒヤリハット体験を人が感じる予兆すなわち危険感受性のあらわれと捉えるならば、ヒヤリハット体験を経験知として位置づけ、予防的・予知的な「職業的勘」を育成することが、事故防止策の人的要因の対策として位置づけられよう。それゆえに本書では、各職域・職場で危険予知能力や危険感受性あるいはヒヤリハット認知能力と呼ばれてきた職業的能力が働く場面をヒヤリハット場面と呼ぶことにしたい。また、ヒヤリハット場面に出くわすことをヒヤリハット体験、そこで発揮される認知能力を

ヒヤリハット認知能力と呼ぶことにする。これらの用語の間には微妙な差異はあるが、本書の研究目的に照らせば差しあたっては不都合が生じないものと考えられよう。

なお、本書で行ったヒヤリハット体験の定義そのものには、厳密には必ずしも十分であるとはいえない部分がある。それは、もし事故に至る危険なヒヤリハット場面に遭遇しても、保育・教育者全員が必ずしもその場面に臨んでヒヤリハットするとは限らないからである。一例をあげると、軽微な怪我はむしろ大きな事故・怪我を回避するために必要だとする保育観を持つ保育士もいて、その人はその場面に臨んでもヒヤリハット認知をしないからである。あるいはヒヤリハット認知をする場面であっても、事故自体が結果として軽微な状態にとどまることがあるからである。しかしながら、このことは論を進める中で具体的な場面との関わりで明らかになることであるから、ここでは広く怪我・事故防止という観点から、ことさらに違いを強調しないことにしたい。

3. ヒヤリハット体験に関するアプローチ

本書では、ヒヤリハット体験を、個人のメタ認知という内的要因つまりヒヤリハット認知能力が働く場面として捉え、その育成を行うことは子どもたちの怪我・事故発生の予防になるという立場をとる。したがって、保育者だけでなく、子どもたち自身にもヒヤリハット認知を高める教材開発の使用が効果的であるとする立場をとる。ヒヤリハット認知は現場の経験知や模擬的なトレーニングによって磨かれ育成される能力であると捉える。このような教育的・養成的観点を重視する。ヒヤリハット認知能力が本能や遺伝的な才能と深く関わるとする立場はとらない。

認知心理学の研究領域においては、一般にはメタ認知は次の①②すなわち、

① 自分自身の心と行動を知る自己モニタリング機能（自分の認知機能を知る機能）
② 自分自身の心と行動を状況にふさわしいように自己コントロールする機能
　（自分の認知機能を調整する機能）

の2つからなるものとする。もしもメタ認知がうまく働いていれば、事故につながりそうな原因は事前にかなり回避できることになる。

　しかしながら、保育士や幼稚園教諭が接する乳幼児は、まだメタ認知能力が発達的に見きわめて不十分である。彼らの年齢段階で発揮されるメタ認知能力を補うためには保育・幼児教育者の役割が大きくなる。そこで、重大事故を防止するためには、第1に施設設備のような危険要因を排除してしまうこと、第2に人的な注意に基づく瞬時の危険回避行動が必要になる。ヒヤリハット体験は、これらの設備的・人的防止策の策定のために貴重な基礎資料になるものと考えられる。

　ところで、認知心理学を専門とする海保・田辺（1996）、海保（2005）等によると、メタ認知は過去、現在、未来の3つの観点から捉えることができる。それらは、

①事後に振り返る力（過去）
②仕事をしている現在の心と行動を内省する力（現在）
③次にくることを予測できる力（未来）

である。このうちで、①事後に振り返ること（retrospective reflection）が、ヒヤリハット体験の分析（海保, 2005, p.33）であるから、その振り返りを②や③の対策、すなわち園内の施設設備の点検、保育士等養育者におけるヒヤリハット場面の共有化、保護者に対する事故防止活動の啓蒙、保育実習生への事前指導・助言に直結させることが安全対策になると考えることができよう。

4. 本書の構成

　本書は、現職者のヒヤリハット体験の出現頻度とその関連要因の把握、現場や実習経験としてのヒヤリハット認知得点の年齢的変化、ヒヤリハット認知を高める教材の開発の3つのアプローチを具体する6つの調査的研究と最後の総括から構成されている。
　1つ目のアプローチは、（1）ヒヤリハット体験の出現頻度の実態把握、（2）

全国的な重大事故発生場面とヒヤリハット体験とが内容的に類似事態であるかどうかの評価に関する調査とその考察である。このことについては第1章（研究1）と第2章（研究2）を充てている。

第1章（研究1）では、保育士や幼稚園教諭に代表される職業的な幼児保育・教育実践家に対して質問紙による調査回答を依頼することによって、保育現場ではどのぐらいの頻度でヒヤリハット体験をしているかを把握する。このような調査は園内の聞き取り等では全国津々浦々でなされているが、勤務の経験年数や職場内での共有化等に関する諸要因の相互関連性などを検討した知見はほとんど報告されていない。次に、回答の得られた代表的なヒヤリハット場面と、すでに公表されているいろいろな事故場面との内容的な一致・不一致を論理的に照合する。これは、「ヒヤリハット認知→怪我・事故の発生」という時系列的な連鎖のモデルがどの程度対応しているかについて事例の定性的な多様性（場面の多様さ）の観点から見きわめをすることである。もしも、両者の照合一致事例が多ければ、ヒヤリハット認知能力を高めることがその後の怪我・事故を回避する人的な方途につながるからである。

続いての第2章（研究2）では、重大事故統計で示された事故場面とヒヤリハット場面との内容的な対応が、どのヒヤリハット場面でどれぐらい多く認知されるかという、ヒヤリハット認知としての認定頻度の高い場面を実態的に把握する。すなわち、第1章では定性的な場面数、第2章では場面ごとにみた定量的な把握として位置づける。いずれも、ヒヤリハット認知能力のキャリア発達的な文脈で検討するために、経験豊富な現職者と実習経験にとどまる学生間の対比をしていく。以上が1つ目のアプローチに基づく2つの調査研究である。

2つ目のアプローチは、第3章（研究3）と第4章（研究4）から構成される。第3章（研究3）ではヒヤリハット場面に関する上述の2つの研究と重大事故統計に基づく田中・石井（2003）の54事故場面を踏まえ、ヒヤリハット認知を高めるQアンドA型教材（24場面）を開発する。そして、保育士および幼稚園教諭の現職者78名の協力を得て、これが安全教育の教材として妥当かどうかの意見・判断を求める。すなわち違和感のない妥当な教材であるかどうか、何歳用として最適であるか、ヒヤリハット認知の描画場面をみて後に事故

発生が起こると予想する主観的な確率はどのぐらいであるかについての回答を求める。

　続いての第4章（研究4）では、このQアンドA型教材（24場面）についてキャリア発達的な観点から、幼児教育を専攻する大学1〜4年生および保育・幼稚園勤務の現職者に回答の協力を求めて比較を行う。以上が2つ目のアプローチに基づく2通りの調査研究である。

　3つ目のアプローチは、第5章（研究5）と第6章（研究6）から構成される。これらの章では、実際にどのような教示・説明をしながらヒヤリハット図版を教材として活用していくかに関して現職者に回答協力を求め、得られた具体的なスクリプト（脚本、シナリオ、プレイブック）を確認していく。すなわち第5章（研究5）では帰納的に教示・説明のスクリプトの典型（プロトタイプ）を抽出する作業を行う。代表的なプロトタイプが見出されれば、第6章（研究6）で別の現職者に対して別のヒヤリハット場面を提示して再度代表的なプロトタイプが回答から再確認できるかどうかを演繹的に検討する。このようにして実用的・具体的なヒヤリハット認知能力を育成する教材を開発する。

第 1 章

ヒヤリハット体験発生の現状と
キャリア発達的要因の検討

第1節　目　的

　現職者のヒヤリハット認知に関する経験知を把握するために、いくつかの重要項目を柱として質問紙による調査回答を依頼する。この種の先行研究はあまり見当たらないので、我々の大学養成課程の保育実習に関わる事項を中心に調査項目を作成した。
　まず、ヒヤリハット体験の発生頻度がどのぐらいであるかを調べる。園内の保育者間でヒヤリハット場面の発生について知識を共有化しているかどうかについても尋ねる。これはヒヤリハット場面が保育士個人の経験知にとどまっているか、あるいは他の保育士にも共有化されているかと関わる。もしも共有化されていれば、保育士個人が経験する以上の経験知、すなわち他者の経験から学ぶこと（Bandura, 1969）が可能な職場作りができている証拠とみなされよう。個人が偶然により経験知を蓄積するには多くの時間と失敗とが必要とされるが、他者の経験や失敗から学ぶことができれば経験知は飛躍的に蓄積され、職能は飛躍的に育成される可能性が高まるからである。
　次に大学の養成課程から保育実習生を送り出し、実習先の子どもたちの保護者に関わるヒヤリハット場面の共有化等に関する実態把握を行う。これは上記と同様の理由による。
　さらに、全国的な調査から発表されている頻度の高い事故と、ここで報告されたヒヤリハット体験との内容的な照合を論理的に検討して、ヒヤリハット体験から事故発生への時系列的な連鎖の存在についての可能性を考察する。これはヒヤリハット場面だけの検討ということではなく、続いての怪我・事故防止につながる前段階としてヒヤリハット場面を位置づけるためである。したがって、「ヒヤリハット認知→怪我・事故の発生」という時系列的な連鎖のモデルがどの程度対応しているかについて事例の多様性（ケースの多様さ）の観点から見きわめをする。もしも、同一や類似場面事例が定性的に多様であれば、ヒヤリハット認知能力を高めることを、その後の怪我・事故を回避するためのかなり一般的な対処策として位置づける根拠になるからである。

第1章　ヒヤリハット体験発生の現状とキャリア発達的要因の検討

第2節　方　法

1. 調査項目

　人が認知するヒヤリハット体験の頻度や共有化の実態を尋ねるために調査を実施するが、その調査票には次のような項目を設定した。これは後の統計的な分析に使うためであるし、誠実な回答を期待するためでもある。

　調査は本研究者のうちの1名が普段から仕事上のやり取りがある地域を選んだ。一方的に調査をするのではなく、得られた調査結果を報告することによって相互の検討や情報交換を行うことが容易であるためである。

(1) 回答者プロフィール：性別、年齢、保育職の経験年数（実年数）、現在の担当（園長または主任、クラス担任［正規、臨時職］と担当児の年齢、その他）。
(2) 調査項目：11項目。大きくは次の4側面からなる。

　1つ目はヒヤリハット体験の頻度について（質問1〜質問3）である。これはどのぐらいの頻度でヒヤリハット体験を感じているかについての実態調査である。最近3か月（質問1）、過去1年間（質問2）の2通りを尋ね、また最近のヒヤリハット増減傾向に関する印象（質問3）も尋ねた。

　2つ目はヒヤリハット体験に関する職場内での共有化の意識調査である（質問4〜質問6）。これは、自分のヒヤリハット体験を上司や同僚に話すか（質問4）、他の保育士の保育を見ていて「ヒヤリ」「ハッ」と思うことがあるか（質問5）、それを保育士当人に伝えるかどうかである（質問6）。

　3つ目は保育士から保護者への助言についてである（質問7、質問8）。保育士は、「専門的知識及び技術をもって、児童の保育及び児童の保護者に対する保育に関する指導を行うことを業とする者」（児童福祉法第1章総則第7節保育士）であり、その業務には「児童の保護者に対する保育に関する指導」が含まれている。このようなことから、保護者に関わるヒヤリハット体験について保護者へ啓発活動を行うこともまた保育士の業務の範ちゅうに含まれると考えられるのでこの質問を含める。

4つ目は保育実習生への指導・助言についてである（質問9、質問10）。保育実習の学生が子どもに接するのを現職保育士が見ていて、「ヒヤリ」「ハッ」と思うことがあるか（質問9）、指導上、それを保育実習生当人に伝えるかどうか（質問10）である。

　最後の質問11は、保育士自身が体験したヒヤリハットに関する自由記述による具体的な報告である。

(3) 本研究の作業目的との対応。

　本調査で明らかにする内容は次のような事柄である。

①ヒヤリハット体験の発生頻度はどの程度なのか（質問1～質問3）。

②保育所内ではヒヤリハット体験を共有化しているかどうか（質問4、質問6、質問8）。

③保育士はヒヤリハット体験を保育実習生指導時の事故防止策として位置づけているかどうか（質問9、質問10）。

④保育士の保育経験年数とヒヤリハット認知（ヒヤリハット場面における危険感受性、危険予知能力）に相関的な対応関係があるかどうか（フェイスシートと質問5、質問7、質問9）。

⑤「ヒヤリハット体験→事故発生」の時系列的な対応関係があるかどうか（質問11）。

(4) 調査時期：2009年7月である。

(5) 調査手続：A県I市の子ども未来課を通じて市内13子ども未来園（「子ども未来園」は、この地域の保育園のことを指す）に質問紙調査票を配布し、各職員に回答を依頼した。

(6) 調査票：回答者プロフィールに関するフェイスシートと11の調査項目からなっていて、A3サイズ表裏1枚である。具体的な質問文は結果のところで示す。

第3節 結 果

回収率は95.6%（配布総数206、回収数197）であった。回答者の性別は男性2名、女性195名であった。年齢は20歳代が26.3%、30歳代が20.8%、40歳代が24.3%、50歳代が27.4%、60歳代が1.0%であった。

保育職の実経験年数は表1-1に示す。回答者の現在の担当は園長・主任が15.2%、担任（正規）が25.3%、担任（臨時職）が23.3%、短時間等が32.9%、その他が3.0%であった。

表1-1　回答者の保育職の実経験年数

年数	1〜5	6〜10	11〜15	16〜20	21〜25	26〜30	31〜35	36〜40	無回答
%	26.3	25.3	19.2	8.1	3	6	7.1	3.5	1
n=197	52	50	38	16	6	12	14	7	2

注：空欄に「〜十歳代」との記述があったものは、「〜十歳」として集計に加えた。

1. ヒヤリハット体験の発生頻度について

質問1：あなたは、この4月以降、現在までにヒヤリハット体験を何度しましたか。

この調査を実施したのは7月上旬なので、4月から7月までの約3か月で体験したヒヤリハット体験の報告数になる。結果は表1-2のようであった。

回答の多かったのは1回（21.8%）、2回（19.8%）、3回（11.2%）であり、これらは全体の52.8%を占めていた。直前3か月において0回は13.2%にとどまっており、86.8%の保育士がヒヤリハット体験を報告したという結果に

表1-2　最近3か月のヒヤリハット体験の数

質問1	0回	1回	2回	3回	4回	5回	6回	10回	13回	20回	数値以外の表現	無回答
%	13.2	21.8	19.8	11.2	3.6	5.6	1.5	4.1	0.5	2	6.6	10.2
n=197	26	43	39	22	7	11	3	8	1	4	13	20

なった。

質問2：あなたは、過去1年間にヒヤリハットを何度体験しましたか。
　過去1年間のヒヤリハット体験数に関する質問である。表1-3に示すように、回答の多かったのは10回（13.3%）、2回（12.7%）、5回（11.7%）等であった。
　ほとんどの保育士がヒヤリハット体験を1回以上体験していて、1年間を通じて0回はわずかに7.1%であった。数値の書かれていた件数の平均は7.51回であった。なお、合計が100%になっていないのは「数えきれない」とした回答があるからである。

表1-3　過去1年間のヒヤリハット体験の数

質問2	0回	1回	2回	3回	4回	5回	6回	7回	8回	10回	12回	13回	17回	20回	30回
%	7.1	8.6	12.7	8.6	1.5	11.7	1.5	2	1.5	13.2	1	0.5	0.5	3	0.5
n=197	14	17	25	17	3	23	3	4	3	26	2	1	1	6	1

質問3：あなたご自身の経験として、年齢とともにヒヤリハットの体験は少なくなってきていると感じますか。それとも逆に多くなってきていると感じますか。次の中から最も近い考え方を1つ選んでください。
　図1-1に示すように、「少なくなってきた」「やや少なくなってきた」の合計は29.4%、「多くなってきた」「やや多くなってきた」の合計は31.0%であり、ほぼ同程度であった。「変わらない」が37.1%であり、これらの割合はほぼ3分の1ずつの分布になった。
　この質問3の回答結果を保育経験年数との関係から検討するために、先に述べた表1-1（実務経験年数）とクロス集計したところ、統計学的に有意な連関は見出されなかった。質問3について「多くなってきた」から「少なくなってきた」の方向に5点、4点、3点、2点、1点と得点化して、この保育経験年数との間でピアソンの相関係数を算出したが、有意な相関関係は見出されなかった（r=-0.02, ns）。また、保育経験年数と過去1年間のヒヤリハット体験の数（質問2、表1-2）との間にも有意な相関関係は得られなかった（r=-0.07, ns）。

第1章　ヒヤリハット体験発生の現状とキャリア発達的要因の検討

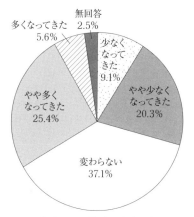

図1-1　ヒヤリハット体験の多少に関する実感

2. 職場内での共有化について

質問4：あなたは、一番最近起きた自分のヒヤリハット体験を上司や同僚に話しましたか。

　図1-2にあるように、77.2％が「話した」と報告した。他方で「話さなかった」は8.6％にとどまっていた。したがって、かなりの保育士が他の保育

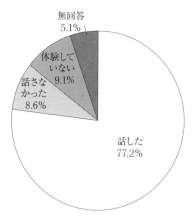

図1-2　自分のヒヤリハット体験を上司・同僚に話したか

士に自分のヒヤリハット体験を話し、そのことによって保育所内でヒヤリハット事例を共有化している実態が回答から明らかになった。

質問5：あなたは、他の保育士の保育をみていて、「ヒヤリ」「ハッ」と思うことがありますか。
質問6：他の保育士の対応で「ヒヤリ」「ハッ」とするような保育場面に出くわしたら、あなたは当人にそのことを伝えようと思いますか。

　図1-3に示されるように、「ときどきある」「よくある」を合わせると合計で63.5％が他の保育士の保育のヒヤリハット場面を目撃していた。図1-4はそれを当人に伝えるかどうかであるが、「はい」が52.3％であり選択肢の中では一番多かった。ただし「相手による」が43.1％もあった。このことは職場の人間関係が悪くなることへの気兼ねや配慮であろうか。この質問からだけでは詳細は明らかではないが、いずれにせよ、「いいえ」(2.5％)を加えると、45.6％が相手によっては当人には告げないという可能性を示唆する結果となった。

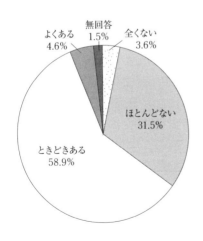

図1-3　他の保育士に関して
ヒヤリハット体験を感じたか

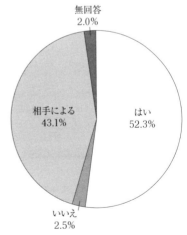

図1-4　他の保育士を見ての
ヒヤリハット場面を当人に伝えるか

3. 保護者への助言について

質問7と質問8は、保護者に対するヒヤリハット体験の質問である。

質問7：あなたは、保護者が自分の子どもに接するのを見ていて、「ヒヤリ」「ハッ」と思うことがありますか。
質問8：保護者の対応で「ヒヤリ」「ハッ」とするような場面に出くわしたら、あなたは当人にそのことを伝えようと思いますか。

図1-5に示すように、「ときどきある」(67.5%)、「よくある」(8.1%)の合計が75.6%になっている。約4分の3の保育士は、「保護者による子どもに対する接し方」について、ヒヤリハット体験を感じているようである。図1-6は保護者に対して危険な接し方だったことを伝えるかどうかであるが、回答では「はい」は40.6%にとどまった。「相手による」(50.8%)と「いいえ」(4.6%)を合計すると55.4%の保育士が保護者には伝えない可能性を示していた。

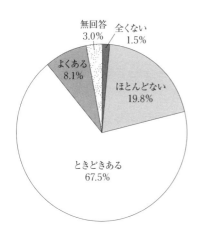
図1-5 保護者の対応に関して
ヒヤリハット体験を感じたか

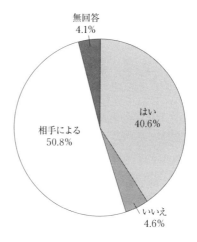
図1-6 保護者の対応にみる
ヒヤリハット場面を当人に伝えるか

4. 保育実習生への指導・助言

質問9と質問10は、同様にして保育実習生に関するヒヤリハット体験の質問である。

質問9：あなたは、保育実習の学生が子どもに接するのを見ていて、「ヒヤリ」「ハッ」と思うことがありますか。
質問10：実習生の対応で「ヒヤリ」「ハッ」とするような場面に出くわしたら、あなたは当人にそのことを伝えようと思いますか。

図1-7によると、「ときどきある」(58.4%)、「よくある」(7.6%)の合計が66.0%になっている。他の保育士、保護者に対する場合と同様に、約4分の3の現職保育士は実習生による保育についてヒヤリハット体験を感じているようである。

図1-8は保育実習生が危険な保育的対処の行為であったことを伝えるかどうかであり、その回答は「はい」が87.8%と高率を示した。「相手による」(7.1%)と「いいえ」(1.5%)は、両者を合計しても8.6%にとどまった。この結果の解釈であるが、保育実習生に関する指導・助言のこのような割合は、他

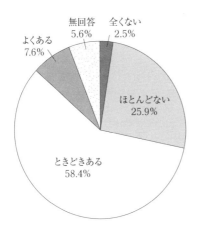

図1-7 保育実習生の対応に関して
ヒヤリハット体験を感じたか

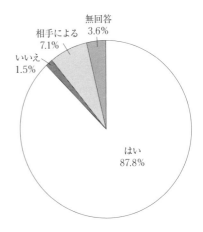

図1-8 保育実習生の対応にみる
ヒヤリハット体験を当人に伝えるか

の保育士・上司や保護者の場合と比べるとかなり高い傾向であり、それは「相手による」を選んだ回答者が極端に少ないためと考えられる。

5. ヒヤリハット体験の有無と共有化の関係

質問5と質問6、質問7と質問8、質問9と質問10はそれぞれ、ヒヤリハット体験の有無とその体験を当人に告げるかどうかの質問対になっている。両者の関連性をみるために、クロス集計を行ったところ、他の保育士に関する質問5と質問6のクロス集計は$x^2=14.85$（df=6, $p<0.05$ 両側）となり両者に連関がみられた。しかし、保護者に関する質問7と質問8のクロス集計（$x^2=6.39$, ns）、保育実習生に関する質問9と質問10のクロス集計（$x^2=8.44$, ns）はいずれも有意ではなかった。

6. ヒヤリハット体験の一般化および保育経験年数との関係

保育経験年数、ヒヤリハット体験の多少に関する最近の実感（質問3）、他の保育士の保育に関するヒヤリハット体験（質問5）、保護者に関するヒヤリハット体験（質問7）、保育実習生に関するヒヤリハット体験（質問9）の相関関係を探るためにピアソンの相関係数を算出してその結果を表1-4にまとめた。質問3は「多くなってきた」から「少なくなってきた」の方向に5点、4点、3点、2点、1点と得点化してある。質問5、質問7、質問9については、「よくある」から「全くない」の方向に4点、3点、2点、1点と得点化してある。またそれぞれの平均値（標準偏差）は表1-5に示した。

保育経験年数との関係では、他の保育士に感じたヒヤリハット体験（質問5）、保護者に感じたヒヤリハット体験（質問7）、保育実習生に感じたヒヤリハット体験（質問9）との間に有意な正の相関関係が認められた。すなわち、保育の実経験年数が増すほど他者にヒヤリハット体験を実感するという結果がみられた。

しかしながら、保育経験年数の多少と、最近のヒヤリハット体験の増減感（質問3）との間には有意な関係は認められなかった（r=0.02, ns）。また、最近

表1-4 ヒヤリハット体験の一般性および保育経験年数に関するピアソンの相関係数

	増減の実感	他の保育士	保護者	保育実習生
保育経験年数	—	0.51**	0.32**	0.29**
自身の増減の実感（質問3）		—	—	—
他の保育士（質問5）			0.50**	0.49**
保護者（質問7）				0.50**
保育実習生（質問9）				—

** $p<0.01$（両側）

表1-5 保育経験年数およびヒヤリハット体験数に関する平均値（標準偏差）

保育経験年数	13.10（10.11）	n=195
自分の実感（質問3）	2.98（ 1.04）	n=192
他の保育士（質問5）	2.65（ 0.63）	n=194
保護者（質問7）	2.85（ 0.57）	n=191
保育実習生（質問9）	2.75（ 0.64）	n=186

注：nの数値が違うのは欠損値があるためである。

　自分が感じるヒヤリハット体験の増減感（質問3）は、他の保育士に感じたヒヤリハット体験（質問5）、保護者に感じたヒヤリハット体験（質問7）、保育実習生に感じたヒヤリハット体験（質問9）のいずれとの間においても有意な相関関係は見出されなかった（順に、0.07, 0.12, -0.04）。

　他の保育士に感じたヒヤリハット体験（質問5）、保護者に感じたヒヤリハット体験（質問7）、保育実習生に感じたヒヤリハット体験（質問9）の3者の間ではいずれも有意な正の相関関係が認められた。したがって、3者の間にはヒヤリハット体験に関する共通のヒヤリハット認知能力（いわゆる危険感受性、危険予知能力）があるものと考えられる。そして、先の分析で認められたように、これは保育の実経験年数とも正の相関関係が示された。

7. ヒヤリハット体験に関する自由記述——分類の手順

　最後の質問11は、「あなたの一番印象に残っているヒヤリハットの体験あるいは場面について、お教えください。その場合、場所、時間、子どもの年齢や様子、あなたの年齢（当時）等を差し支えない範囲で書いていただき、その

状況や場面が再現されるように書いてください」であった。

　得られた回答107名分について、まず、ヒヤリハット場面の分類を行った。具体的には、研究者2名が独立に（相談しないで）各回答の事例を田中ら（2003）の著『すぐ役立つ救急ハンドブック』（pp.146-152）に紹介されている事故場面（54場面）と突き合わせた。この事例はよくある事故場面ということであり必ずしもヒヤリハット体験ではないが、ヒヤリハット体験は事故の直前の状態への危険察知の体験であるから分類の規準として適切であると考えてみた。

　分類作業の信頼性であるが、研究者2名の分類結果の一致率を調べると、不一致が15.8％となった。その一例は次のようである。

ケース10：石ころをもて遊んでいて、左足の親指に落とした。親指の爪がはがれてしまった（4歳児、20年ぐらい前、直径20cmぐらいの丸石）。花壇のしきりの石をはずし、持って遊んでいた時、手が滑り右足の親指に落とした。爪が浮いてきたので、医者にて診察を受ける。ほんの少ししか付いてなかったので、はがした方が新しい爪がきれいにはえるし、傷の治りも早いと言ってはがされた。その日に限って石ころで遊んでいたので予測できない姿であったが、一人ひとりの子どもの行動にもっと目を向けるべきであったと反省した。

　これについて研究者①は、田中らによる事故場面「F11　石で、ほかの石を割ろうとして、指を打った」に当てはまるとしたが、研究者②は該当する場面が見当たらないとして「その他」と分類した。この不一致について両者で合議したところ、ヒヤリハットの状況が同じであると判断できたので、最終的に研究者②がF11に改めた。不一致の回答結果についてこのような突き合わせ作業を行ったところ、2名の間の不一致は減少し、最終的な一致率は99.07％となった。したがって、分類作業の信頼性は確保されたものとして検討作業に入った。

　章末の附票1に示すように田中ら（2003）による事故場面は54場面ある。それらは大きくは、「A　子どもどうしで（9場面）」「B　保育室で（6場面）」「C

園内で（6場面）」「D　遊具で（12場面）」「E　おもちゃで（9場面）」「F　園庭で（12場面）」から構成されている。そこで得られた回答がこれら54場面に該当するかどうかを照合し、該当するケース、該当しないケースを分類することを手がかりにして回答内容の分析を進めた。

8. ヒヤリハット体験に関する自由記述
　　──田中ら（2003）による54場面への該当分から

　我々の調査結果を検討すると、そのヒヤリハット場面が田中ら（2003）に示された事故場面と内容的に一致するのは次のようであった。

(1)「A　子どもどうしで」
　「A1　友だちと衝突」「A2　石を投げられた」「A3　友だちに手を引っぱられた」「A5　おなかをけられた」「A6　ほかの子が閉めたドアに、手をはさんだ」「A7　友だちに押され、机の角にぶつかった」「A8　持ち上げられ、落とされ、後頭部を打撲」「A9　ブロックを取りあい、壁に後頭部をぶつけた」。Aに示された9場面のうちで「A4　友だちの足が、目にあたった」以外の8場面が回答の中でも見出された。なかでも特に多かったのはA6であり、具体的にいくつかを転記すると次のようである。

　　ケース74（A6）：4歳児数人（6月）。玄関の大きなステンレス製のドア（開けた状態にすると、6〜7cmの隙間ができる）の隙間に腕を入れ、反対側にいる子とガラスごしに握手をしようとしていた2人の男児。その時、開いたドアの取っ手を動かそうとする子がいた時のこと。そのまま職員が気づかないでいたら、男児は重いステンレスのドアに腕をはさまれ、大変なケガになっていたと思う。対応：ストッパーを上部に付ける。再度、子どもたちに注意を促し、危険につながる行為をしないように話してきかせる。

　　ケース77（A6）：3歳児の部屋に入る時、ドアの所にいた子があとから入ってきた子がドアを閉めようとして、指をはさみそうになった時、昼食後の自

由遊び中です。私が40歳の時です。

(2)「B　保育室で」

「B1　机やいすから転落」「B2　セロハンテープのカッターで、指を切る」「B3　たてかけてあった机が倒れて、ぶつかった」の3場面が見られた。「B4　壁にかけてあったバッグのひもが首にからまり、意識を失う」「B5　画用紙の上で、足がすべった」「B6　昼食中、みそ汁がかかって、やけど」の3場面に関するヒヤリハット報告はみられなかった。

(3)「C　園内で」

「C1　階段ですべって転落」「C2　ガラス窓に頭をぶつけた」「C4　保育者の背中からすべり落ちた」「C5　玄関のマットにつまずいた」「C6　勢いよく押したドアがはねかえってぶつかった」の5場面に関するヒヤリハット報告が得られた。「C3　雨でぬれた廊下ですべった」に関する報告だけは見出されなかった。

(4)「D　遊具で」

「D1　ブランコから落ちた」「D2　友だちがこいでいたブランコに、ぶつかった」「D5　すべり台の階段から落ちた」「D7　すべり台の下であそんでいて、立ち上がったとき、頭を打った」「D8　トランポリンから、飛びおりて、骨折した」「D9　鉄棒から落ちて、頭を打った」「D10　ジャングルジムから落ちた」「D11　うんていにぶら下がろうとして、転落」の8場面に関するヒヤリハット体験が得られた。「D3　ブランコにふたり乗りをしていて、落ちた」「D4　すべり台のてっぺんに、カバンのひもが引っかかった」「D6　すべり台の角に、あごをぶつけた」「D12　とび箱から落ちて頭を打った。突き指をした」の4場面に関する報告はなかった。

「D遊具」に関するヒヤリハット体験の報告は多く、特にD5とD10は多かったので一部を以下に転記する。

ケース42（D5）：戸外遊び中、3歳児が滑り台に乗っていて、最上段で、前

の子も「早くすべって」というように押し合いになっている場面。また最上段で後ろ向きに立っている時、バランスが崩れて転ぶのではないかとハラハラして見ました。早く滑っていくよう声をかけ、最上段で立ち止まらないよう何度も声をかけました。(H21.4月頃のことです)

ケース100（D5）：ヒヤリの体験。場所：子ども未来園隣の公園（現在○○園）。時間：午前10時〜11時ごろ。1歳児の女児。未満児全員で公園に遊んでいた時、保育士と一緒にスベリ台の階段を上がって行く時。3段目の辺で、足を踏み外し、段と段の間から下に落ちた。すぐ子供の状態を見たが、かすり傷ひとつなかったので安心はした。当時の年齢26歳。

同様にD10の例を示す。

ケース11（D10）：園庭、固定遊具、延長保育時間中、乳児（2歳児）。母のお迎えで声をかけたら、大型遊具の最上段から足を踏み外し落下。幸い、遊具が複雑な形をしており、引っかかった格好になったため、大事には至らなかった。保育士48歳。

ケース76（D10）：担当している園児がジャングルジムに登った時に、思っていたよりも早く登ってしまい、一番上の高いところで両手を離した時にまさに「ヒヤリハット」を感じました。年齢は5歳、時間は午前中の戸外遊びの時です。

(5)「E　おもちゃで」

9場面のうちで4場面に関するヒヤリハット報告がみられた。「E1　積み木の山から落ちた」「E5　鼻の中にビーズを入れた」「E7　おもちゃの突起が、頭にささった」「E8　手押車でつまずいて、転倒」。

以下の5場面に関する報告はなかった。「E2　積み木を床においたとき、床との間に指をはさんだ」「E3　ブロックの角に頭をぶつけた」「E4　こまを踏んで足を切った」「E6　小さなおもちゃを耳に入れた」「E9　落ちていたボー

ルを踏んで、転倒」。

(6)「F　園庭で」
　該当する場面は一番少なかった。「F3　門柱に頭をぶつけた」「F6　塀にのぼり、踏みはずして落下」「F11　石で、ほかの石を割ろうとして、指を打った」の3場面がヒヤリハット体験として報告されていたが、他の9場面に関する報告は見出されなかった。「F1　砂場で砂が目に入った」「F2　砂場でスコップを踏んで、足をひねった」「F4　木登りをしていて、枝から落ちた」「F5　木に衝突」「F7　ハムスターやウサギに、指をかまれた」「F8　サッカーのゴールポストに、あたってしまった」「F9　友だちを追いかけて走っていて、転倒」「F10　小石を耳に入れた」「F12　缶けりをしていて、飛んできた缶が、頭にぶつかった」。以上をまとめると、子どもどうし、保育室、園内、遊具場面は多く該当したものの、おもちゃ、園庭場面は該当ケースが少なかった。

9．ヒヤリハット体験に関する自由記述――54場面に該当しない分から

　該当した場面は主に以上のようであるが、田中ら（2003）に示された事故場面に含まれなかった場面もあった。それらのうちの代表的な場面は、誤飲、衝突、食物アレルギー、保育士からみた施設上の死角、である。以下に、具体的に転記する。

(1) 誤　飲
　誤飲場面については5件のヒヤリハット体験が報告された。

　ケース1：場所は保健室、時間は午後1時30分ごろ、子どもの年齢は5歳、私の年齢は42歳。状況：給食後、室内で自由遊びをしていた時、ビー玉を使った斜面遊びをしていた男児が、ビー玉を口の中に入れたり出したりしていた。他の遊びにかかわっていた私は、その男児の行動に気づいていなかった。男児がビー玉を吸い込んでのどに入れてしまい、息ができなくて目を白黒させる様子に周りの子が気づき、私に知らせた。頭を下げて、背中を

叩き、吐き出さそうとしたが、出てこないので、口を開けさせ、中を見てみた。のどの入口に詰まっていたので、私が指をつっこんでかき出したところ、うまく出てきて男児の息ができるようになった。たまたま大きめのビー玉であったため、ひっかかっていたが、もしのどの奥に入っていたらと思うととても怖い体験でした。

ケース13：園長保育でのおやつの時の出来事。人数は30人ぐらいの幼児3歳～5歳。3歳の男の子はふだんから落ち着きがなく、何をするのかわからない子供で、おやつまではその子のために一人先生を付けて二人で対応していますが、お茶やおやつを配っている間に席を立ち、ドーナツの中に入っている乾燥剤をやぶりました。すぐに走ってとめましたが、口に入れたり他の子のお茶に入れたりばらまいたりしたらと思うと、ヒヤリとしました。

ケース31：就職して5年目の時、5歳児クラスの保育室にて、子どもたちは着席し、次に行う活動の話を聞いていた。すると男児が急にのどに手を当てて苦しがっていたため見ると、その直前に遊んでいた「ビー玉転がし」のビー玉を片付けずに持っていて、それを口に入れ、のどに詰まらせていた。幸い、背中を叩き、口の中に指を入れるとビー玉が出てきたのでケガ等はなかったが、その男児はその後「何かがのどに詰まる」という恐怖からしばらく牛乳など透明でない飲み物が飲めなくなってしまった。

ケース52：午睡時、虫さされのあとに貼ったバンドエイドを口に入れた。2歳。すぐに取り出したが、ヒヤリハットしました。

ケース93：0歳児。なんでも口にする時期であり、十分気を付けているのだが、落ちていたビニールや、1歳児が散歩で取ってきた草花などを食べてしまった。どちらも早く気付き、口から出すことができ、大事にならなかったが、ヒヤリとする場面である。

以上のような結果であるが、これは田中ら（2003）のリストを否定すること

を意味しない。田中らの54場面は発生した事故であり、本調査はヒヤリハット体験であるという違いがある。また、誤飲は田中（2007a）自身、河鍋（2008）など事故後の処理法には必ず書かれている場面である。

(2) 衝突

次に衝突に関するヒヤリハット体験を示す。なお、田中ら（2003）には「A1友だちと衝突」があるが、以下の例は保育士と園児の衝突である。同じ衝突であるが、保育士自身が直接的に回避できるという点で、子どもどうしの衝突とは区別した。

ケース5：未満児クラスだと子どもが小さいので、足元にいると気がつかずあたってしまいそうになり、ハッとすることがあります。

ケース15：保育所内、午後4時ごろ。2歳0カ月、男児。保育室内で「まてまて遊び」中。子どもが保育者を追いかけていた。横にずれたら、子どもが顔面から転びそうになって保育者の裾をつかんだ。

ケース16：子どもにろうかで出会いがしらにぶつかった。（年中児）その拍子に、くちびるをかみ、血が出た。ひどかったので病院に行き、2針ぬった。

ケース21：0歳児が同じ場所で午睡をする。午睡は12：30ごろ～14：30。0歳児の子（1歳過ぎ）が寝ている方に1歳児女児が近づいて行くが、今声をかけると「0歳児の子のおなかの上を歩いてくるのでは」と思い、声をかけるのをやめたが、他の保育者が「〇〇ちゃん、おいで」と声をかけた。すると、その声に反応して振り向き、すぐ目の前にいる0歳児の子のおなかの上を踏み、歩いてきてしまった。0歳児の子は泣くこともなく、そのまま寝て、様子も変わりなかったため、ホッとしたが、とてもヒヤリとした瞬間でした。

(3) 食物アレルギー

　食物アレルギーもまた事故後の対処法には必ず解説される事故である。ヒヤリハット体験として以下のような回答が得られたので転記する。

　ケース29：場所は託児所、時間は午後のおやつ時。私が23歳の時、小麦やエビなど多くのアレルギーがある1歳児に、同僚の保育士が、アレルギー児用のおやつではなく、他児と同じ小麦入りのクッキーを配ってしまった。その1歳児がクッキーを口にする前に気が付き、未然に防ぐことはできたがドキッとした。

　ケース107：近年、園児の中で、食物アレルギーの子どもが増えてきました。3～4年前からアトピー性皮膚炎による食物除去とアナフィラキシー型反応による食物除去の対応に注意を心掛けている毎日です。事例として、アナフィラキシー症児5歳、アレルゲン卵、園での3時のおやつの時間。調理員47歳、53歳の2人。保育士、配膳～クラス担当まで3人がかかわった。一人の調理員が3時の菓子を出す際に、他のアレルギー除去（ピーナッツ、小魚）に気を取られ、プリッツの成分表示を見ずに出してしまった。他の調理員が保育士に「アレルギー除去に気をつけて」と声掛けはしたものの、実際に菓子を出すのは一人でやり、調理員2人での確認はしていなかった。また、保育士も配る人と食べさせる人が違い、言葉の伝達が途切れ、当日の担当保育士も担任ではなく、代替であり、障害のある子どもに気を取られ、最終の成分確認がされなかった。子どもは家で負荷テストの際にプリッツに似た物を食べており、自分で「食べない」の自覚学習がなかった。

(4) 保育士からみた施設上の死角

　田中らの54場面では子どもどうしの衝突は紹介されているが、保育士と子どもとの衝突は例示されていなかった。衝突ではないが、次のケースもまた、保育士の配慮によって回避できる可能性の高いケースであった。

　ケース79：未満児用避難者のロックが外れており、子どもがさわってテラ

スから転落。園のテラス、午後のおやつ後（年齢30歳）。1歳児の子どもとテラスで遊んでいる時、死角になる場所に園児が一人で行ってしまい、発生。幸い怪我はなかったものの、ロックされているものだと思っていたため、反応が遅れ。

ケース102：就職をして3年目（23歳）の時、年少3歳児クラス担任。たぶん4～5月ころのことだと思います。初めての園生活に不安いっぱいの時期から少しずつ保護者との信頼関係ができ、いつどこへ行くにも保護者の後ろをついて歩くようになったK君について、園庭のウサギ小屋に行き、保護者が小屋から出ると同時にフェンス戸を閉めた。ところが、後ろには、K君がついてきていて、そのフェンス戸に手をかけていた。そのため、戸の隙間に（出入りする方ではなく、開閉の軸になっている方側の隙間です）指がはさまり、爪がはがれる怪我となってしまった。一歩間違えば、指がちぎれる大けがとなったかと思うと。小柄な年少児は保護者のすぐ後ろに立っていると死角になり、見えないこともあり、注意が必要だと実感しました。

第4節　考　察

事故に対応する英語はふつうアクシデント（accident）であろうが、近年は事故をあらわす語としてinjuryという語をみかけることが多くなっている。injuryは傷害と訳されることが多い。これは、いわゆる事故発生は予測が可能で、事故は回避できるものであるという考え方が広まりつつあるからとされる（山中, 2008, p.150）。本研究でも、保育所で発生する事故は事前に予測し回避できるものであるという立場をとっている。そこで、以下には得られた結果について、現職保育士個人と職場内でのヒヤリハット認知能力の育成、さらには保育実習生の実習における具体的指導という文脈に絞って考察を行うことにする。

1. 保育士の報告によるヒヤリハット体験の発生頻度について

　ヒヤリハット体験の報告からはほとんどの保育士が職場でヒヤリハット体験をしており、このことからヒヤリハット体験が常態化している様子がうかがえる結果となった。にもかかわらず事故は後を絶たず、これは保育士個人がその場で発生する事故を事前に回避するだけでは解決にならないことを示している。かといって施設設備の改善を待つだけで解決できる問題でもない。ヒヤリハット体験を保育士、保護者、子ども、物、施設・設備の総合的な視点からいかに活用していくかが重要であろう。

2. 保育所内でのヒヤリハット体験の共有化について

　他の保育士、保護者、保育実習生がからむヒヤリハット体験については、非常に多くの保育士がその発生を報告している。問題の１つは、それを保育所内あるいは保護者も含めて共有化できるかどうかである。本調査からは他の保育士、保護者に告げるのは「相手による」という回答が顕著であった。これは等閑視してはいけない重大な現状であると考えられる。相手によって告げることをためらう傾向が大きな割合を占めることは事故防止上からは明らかに不適切である。

　保護者に対して注意を促すことは難しい問題を含んでいる。このことについて、得られた回答には次のようなケースがあった。

　ケース27：降園時に子ども（３歳児）だけ、間から飛び出し、母親は弟（１歳児）を抱っこしていたところを職員室から目撃、声をかけて止めたが車が来ていたのでドキッとした。

　ケース32：降園時間（午後４時ごろ）に２歳児の女児が一人で固定遊具（雲ばしご、雲梯）で遊んでいた。園では、２歳児の使用しない遊具だったので驚いた。母親は近くにいたが、話に夢中でみていなかった。

保育士は、「専門的知識及び技術をもって、児童の保育及び児童の保護者に対する保育に関する指導を行うことを業とする者」（児童福祉法）であり、その業務には「児童の保護者に対する保育に関する指導」が含まれる。これがどのような専門的知識と技術なのかを明らかにしていくことで、ヒヤリハット体験を保護者に適切に伝えることの可能性が生まれるのではなかろうか。

　その点で、保育士を目指す保育実習生に対してはヒヤリハット体験を直接伝えるとする回答が多かったのは望ましいことである。経験の乏しい実習生は、ともすれば自分が行為するという視点に弱さを抱えている。実習学生は、園へは一時的に外部から入ることになるので、保育環境について実感を持ち理解する点がどうしても乏しい。指導者からそのつど特に注意を促すことは効果的で望ましいことであると考えられる。先に示した保育士と子どもの衝突、保育士の目からみた死角の存在、食物アレルギーなどを含め、特に現場での事前指導が必要なケースと考えられよう。

3. 保育経験年数とヒヤリハット認知の関係について

　保育経験年数とヒヤリハット場面への感受性の間に有意な正の相関関係が見出されたことは、保育の専門的知識および技術に関する職能開発として重要な切り口になる。経験年数が増える人ほど他の保育士の行為にヒヤリハットの認知をする人が多いこと、保護者の行為にヒヤリハット認知をする人が多いことは、保育経験年数を重ねることによって直後に続く事故への危険感受性が育成されることを意味する。

　ただ重要なポイントは経験の中身であろう。経験年数を重ねる中でどのような場面で危険感受性が育つのかは相変わらずブラックボックスのままだからである。また、見方を変えれば危険感受性の育った保育士だけが長く仕事を続けていられるのだという結果の反映にすぎないという選抜効果かもしれない。

4. 事故発生とヒヤリハット体験の連鎖について

　最後に、田中ら（2003）の54場面と本研究の結果の一致・不一致について

述べる。ヒヤリハットは、感情的要素が関与してくるので、それが強烈な時ほど、状況認知やメタ認知に、特有の制約や「歪み」が加わる可能性が高くなったり、後づけの理屈（結果論）を展開してしまいがちになる（海保・田辺, 1996, p.162）。田中らの54場面は結果として発生した事故の典型場面のリストである。それに対して、本研究の回答は保育士がまさしくヒヤリハット体験をした場面の報告である。本研究の枠組みでは、ヒヤリハット体験の直後に時間的に連続して事故が起こるという文脈で、時間をさかのぼってヒヤリハットの検討を行ってきた。得られた結果では、「子どもどうし」「保育室」「園内」「遊具」場面でかなりの一致すなわち行為の時間的連鎖が認められたが、「おもちゃ」「園庭」場面では必ずしも対応しない、つまり「ヒヤリハット体験→事故場面」の時系列的な連鎖が想定しにくい結果になっている。このことの説明として考えられる見解は次のようである。第1に、これが場面の違いによるのであれば田中らの54場面そのものについて直接的にヒヤリハット体験の有無を尋ねる調査をすることが疑問の払拭になるだろう。第2に、回答者のデータ数が不足しているのが原因だという可能性もあるが、それについてはより多くのケースを検討することで答えが明らかになるだろう。いずれにせよ、保育経験年数によって得られる危険感受性の中身を探る糸口として、ヒヤリハット体験から事故発生へと続く時間的連鎖について場面ごとの検討をすることが有効な今後の課題であると考えられる。

要 約

　保育場面で発生するヒヤリハット体験について保育士197名に質問紙調査を依頼し、以下のような結果を得た。(1) 発生頻度について、約70%以上の保育士が過去3か月および過去1年間のうちで少なくとも1回はヒヤリハット場面を体験したと回答した。(2) 情報の共有化について、自分のヒヤリハット体験を上司等に報告した保育士は約70%以上、他の保育士の保育に対しヒヤリハット体験を目撃したことがあるのは約60%以上、保護者による子どもへの対応でヒヤリハット体験を目撃したことがあるのは約70%、保育実習生の保育についてヒヤリハット体験を目撃したことがあるのは約60%以上であった。後者3つの間には有意な正の相関関係が見出された。しかしながら、当

人にそれを伝えるかどうかについては、他の保育士へは約50％、保護者へは約40％にとどまった。(3) 保育実習について、保育実習生が起こしたヒヤリハット体験を当人に伝えるとしたのは約90％であった。(4) 保育経験年数と、「他の保育士」「保護者」「保育実習生」の保育に関するヒヤリハット体験の数との間には有意な正の相関がみられた。(5) ヒヤリハット体験の自由記述を田中ら（2003）による54の事故場面と関連づけたところ、子どもどうし、保育室、園内、遊具の場面に分類されるケースが多く、おもちゃ、園庭の場面に分類されるケースは少なかった。(6) 自由記述において54の事故場面以外に新たに、誤飲、保育士と子どもの衝突、施設上の死角などについてヒヤリハット体験が得られた。(7) 最後に、ヒヤリハット体験と事故発生との間の時間的な連鎖について考察を行った。

〈付記〉本章は、石川昭義・大野木裕明・伊東知之（2009）「保育士のヒヤリハット体験」『仁愛大学研究紀要』（人間生活学部篇）1, 39-52を大幅に改稿したものである。調査にご協力くださった愛知県犬山市の現職保育士の皆様方に厚くお礼申し上げる。

附票1 子どもの重大事故54場面の一覧表（田中ら,2003）

1. 子どもどうしで
A1　友だちと衝突。
A2　石を投げられた。
A3　友だちに手を引っぱられた。
A4　友だちの足が、目にあたった。
A5　おなかをけられた。
A6　ほかの子が閉めたドアに、手をはさんだ。
A7　友だちに押され、机の角にぶつかった。
A8　持ち上げられ、落とされ、後頭部を打撲。
A9　ブロックを取りあい、壁に後頭部をぶつけた。

2. 保育室で
B1　机やいすから転落。
B2　セロハンテープのカッターで、指を切る。
B3　たてかけてあった机が倒れて、ぶつかった。
B4　壁にかけてあったバッグのひもが首にからまり、意識を失う。
B5　画用紙の上で、足がすべった。
B6　昼食中、みそ汁がかかって、やけど。

3. 園内で
C1　階段ですべって転落。
C2　ガラス窓に頭をぶつけた。
C3　雨でぬれた廊下ですべった。
C4　保育者の背中からすべり落ちた。
C5　玄関のマットにつまずいた。
C6　勢いよく押したドアがはねかえってぶつかった。

4. 遊具で
D1　ブランコから落ちた。
D2　友だちがこいでいたブランコに、ぶつかった。
D3　ブランコにふたり乗りをしていて、落ちた。
D4　すべり台のてっぺんに、カバンのひもが引っかかった。
D5　すべり台の階段から落ちた。
D6　すべり台の角に、あごをぶつけた。
D7　すべり台の下であそんでいて、立ち上がったとき、頭を打った。
D8　トランポリンから、飛びおりて、骨折した。
D9　鉄棒から落ちて、頭を打った。
D10　ジャングルジムから落ちた。
D11　うんていにぶら下がろうとして、転落。
D12　とび箱から落ちて頭を打った。突き指をした。

5. おもちゃで

E1	積み木の山から落ちた。
E2	積み木を床においたとき、床との間に指をはさんだ。
E3	ブロックの角に頭をぶつけた。
E4	こまを踏んで足を切った。
E5	鼻の中にビーズを入れた。
E6	小さなおもちゃを耳に入れた。
E7	おもちゃの突起が、頭にささった。
E8	手押し車でつまずいて、転倒。
E9	落ちていたボールを踏んで、転倒。

6. 園庭で

F11	砂場で砂が目に入った。
F2	砂場でスコップを踏んで、足をひねった。
F3	門柱に頭をぶつけた。
F4	木登りをしていて、枝から落ちた。
F5	木に衝突。
F6	塀にのぼり、踏みはずして落下。
F7	ハムスターやウサギに、指をかまれた。
F8	サッカーのゴールポストに、あたってしまった。
F9	友だちを追いかけて走っていて、転倒。
F10	小石を耳に入れた。
F11	石で、ほかの石を割ろうとして、指を打った。
F12	缶けりをしていて、飛んできた缶が、頭にぶつかった。

第 2 章

怪我・事故場面におけるヒヤリハット認知の
現職者―実習大学生間の比較

第1節　問題と目的

　ヒヤリハット認知の共有化や危険予知トレーニング（KYT）は、いろいろな職種や領域、例えば看護教育や交通安全教育などで実施されている。経営や医学の現場でも、ケース・メソッドやケース・カンファレンスの中で、不測のケースを検討し原因を究明し予防策に反映する努力が重ねられている。事故発生の原因究明やヒヤリハット認知の共有化が予防策とされるが、その根拠の1つは、暗黙の前提すなわちヒヤリハット場面の後に事故発生があるという時系列的な連鎖を想定しているためである。実際、研究1（第1章）においても、現職者のヒヤリハット体験と、全国規模調査に基づく重大事故場面54（田中ら, 2003）との間を論理的に照合したところ、その場面には相当数の場面上の一致がみられること、すなわちほぼ同一場面についてヒヤリハット場面と重大事故場面の間の対応関係が認められることが明らかになった。

　本研究はその次のステップである。それは、現実にはヒヤリハット認知の有無にかかわらず事故は発生するということと関わる。ある場面に関してヒヤリハット体験があると報告する保育士がいる一方で、それが必ずしも重大事故発生に至るとは限らない。また、頻度の高いヒヤリハット体験のリストにあがらなくとも重大事故場面とされているものもある。その理由は、ある場面をヒヤリハットと認知するか否かが保育士によって異なるとする認知の個人差のためである。ただし、現在のところ、その個人差の中身が何であるかがはっきりしているわけではない。したがって、いま事故場面やヒヤリハット認知をした場面を職場で共有化したとしても、そのことにより必ず事故が回避できるという保障はないし、現実もそうなっているといわざるをえない。

　このことを我々なりに図示してみたものが図2-1である。ヒヤリハット認知を高めることは重要であるかもしれないが、回避的対処行動が十分にとれるかどうかによって、ヒヤリハット認知の覚醒水準は変化するからである。おそらく事故発生について過度に敏感であると疲労等からヒューマン・エラーを誘導するだろう。逆に、鈍感すぎることは回避的対処行動を遅らせるだろう。おそらくヒヤリハット認知は事故の対処行動を遂行する自己効力感のような何か

図2-1　ヒヤリハット認知を事故防止に活かすためのモデル

と密接な関係があるのだろう。このあたりの事情は、例えば自動車の運転において安全面で注意しすぎるのも不注意すぎるのも適切でないのと類似しているようにも考えられる。監視作業における注意の覚醒水準の問題と近いのかもしれない。

　事故場面やヒヤリハット認知の共有化を推進する職場では、ヒヤリハット体験の共有化は、どの程度事故予防策として採用されているのだろうか。看護教育等と同様に、「ヒヤリハット体験の共有化、ヒヤリハット認知の育成→子どもの怪我・事故防止策」とする研究上の視座について、そもそも保育士や幼稚園教諭などの現職者は、ヒヤリハット体験や事故場面の共有化が有効な予防策と信じているのだろうか。実は、そのことに関する研究はほとんどみられない。このことを押さえておくことは、以後の研究を展開するうえで省くことのできない課題であると考えられよう。たとえ我々が効果的な予防策だと考えているとしても。

　このようなことから、将来の保育士や幼稚園教諭を大学段階で養成する立場から、現在の現職者が子どもの事故場面とヒヤリハット認知を不可分で関連あるものと捉えているのかどうか、また後進の指導という立場から実習大学生に対して事故場面やヒヤリハット認知を指導したいと考えているかどうかを明らかにしておくことにする。そこで、本研究では、次のような2つの質問を用意して、ヒヤリハット認知を意義ある予防策と考えているのかどうかを現職者に尋ねることにする。

現職者向け質問1：「子どもの事故場面54それぞれを、ヒヤリハット認知をした場面として経験したことがあるか否か。」（以下、「ヒヤリハット認知」の質問と略する。）
現職者向け質問2：「これら事故場面を現職者が学生指導を行う時に重要な場

面と考えるか否か。」(以下、「指導意識」の質問と略する。)

　他方で、保育士や幼稚園教諭を目指す幼児保育・教育志望学生に対しても2つの質問を行う。

学生向け質問1:「子どもの事故場面54それぞれを、ヒヤリハット認知をした場面として経験したことがあるか否か。」(以下、「ヒヤリハット認知」の質問と略する。現職者向け質問1と同じ。)
学生向け質問2:「これら事故場面を、ヒヤリハット認知の場面として今後の自分の学習課題と受け止めるか否か。」(以下、「学習意識」の質問と略する。)

　本研究の目的は、現職者向け質問1と質問2によって、発生頻度が高く危機的な事故場面54が事故発生前のヒヤリハット認知とどの程度時系列的に連動するのか、またこれら事故場面を後進学生への指導に用いることにどの程度効果的であるとみなしているかを定量的に把握することである。また、学生への質問1と質問2によって、学生の事故場面へのヒヤリハット認知が現職者とどの程度同じなのか、さらには学生の事故場面の学習意識が現職者の指導意識とどの程度同じなのかをキャリア発達的な観点から定量的に追究していくことである。

第2節　方　法

1. 調査協力者と調査時期

　学生に対しては実習終了後の2009年10月にA大学1年生、2010年6月にB女子短期大学2年生を対象として依頼した。なお、調査時点でのA大学生とB女子短期大学生の実習期間と内容は必ずしも同じではないが、本研究の目的に照らしては特段の支障はない。現職者(現職保育士および現職幼稚園教諭)に対しては、後進指導に理解のある層として、2009年10月と2010年2月に

開催した2つの研修会の出席者にその会場での回答を依頼した。いずれも無記名回答であった。記入漏れのあった回答を除いて現職者93名、学生143名の合計236名の回答を分析の対象とした。

2. 調査票

「子どもの事故場面の一覧表54場面」(田中ら, 2003)を示して、それぞれに上述の2つの質問に対する回答を求めた。事故54場面は紙面にて配布し、「はい」「いいえ」の2件法による記入を求めた。54場面の内訳は、「A 子どもどうしで」(9場面)、「B 保育室で」(6場面)、「C 園内で」(6場面)、「D 遊具で」(12場面)、「E おもちゃで」(9場面)、「F 園庭で」(12場面)である。一覧リストは第1章(研究1)で用いたものと同じである(46～47ページ参照)。

第3節 結 果

子どもの事故54場面について、現職者群と学生群それぞれの「はい」回答の選択百分率を算出した。そして、百分率を手がかりにしてその傾向を検討した。以下の表2-1、表2-2、表2-6、表2-7には上位・下位それぞれ15場面を示したが、基本的には10場面を内容検討の対象とし、残りの5場面は周辺のデータとして参照するために併記した。

次に現職者群と学生群との統計的な比較分析のために、場面AからFの場面ごとの合計得点を再構成した。田中ら(2003)の「A 子どもどうしで」の場面は9場面からなるのでA場面の合計得点を算出した。得点は0から9点に分布する。同様にして、「B 保育室で」(0～6点)、「C 園内で」(0～6点)、「D 遊具で」(0～12点)、「E おもちゃで」(0～9点)、「F 園庭で」(0～12点)の各場面得点を算出した。

1. ヒヤリハット認知の概観

(1) 現職者におけるヒヤリハット体験の高い場面と低い場面
（現職者「ヒヤリハット認知」）

表2-1には、現職者の報告したヒヤリハット認知のうちで選択百分率の高い場面から順に第10位まで、点線以下を含めると15位まで並べた。例えば一番上の「1　A1 友だちと衝突。(96.8)」は上位1番目のヒヤリハット場面であり、現職者93名のうち90名が「はい」と回答し96.8％の百分率であったことを示す。第10位のA5が71.0％、第14位のA9とC3（同率で2場面）で61.3％の百分率であり、いずれも50％以上の高い数値を示した。

後続のリストは中略し、表2-1の中ほどから下にはヒヤリハット認知の低い場面を示した。高い方から第39位すなわち低い方から第14～16位の「39　A8」、「39　D12」、「39　E4」の3場面は同率であり、百分率は22.6％にとどまった。一番低い場面は一番下の第54位「54　F12 缶けりをしていて、飛んできた缶が、頭にぶつかった。(5.4％)」であった。

これら百分率の傾向をみると、後に学生データの分析の記述で対比するように、現職者においては百分率の高場面群と低場面群とが二極化していることが傾向としてうかがえた。

(2) 事故場面とヒヤリハット認知の一致

第1章（研究1）で報告した調査では、自由記述によるヒヤリハット場面を田中ら（2003）の事故54場面と照合し、結果として31場面に一致が認められた。しかしながら、その生起百分率は明らかではなかった。そこで、今回はその頻度を把握するために、得られた31場面がヒヤリハット体験として認知されたかどうかもみていくことにした。

表2-1のA1の文頭には■が付加してあるが、これは第1章（研究1）の自由記述によるヒヤリハット認知の31場面の1つである（以下の表についても表記は同様）。百分率の上位10まででみると、田中ら（2003）の事故54場面と共通する場面は8つあり、その中ではA場面「子どもどうしで」が多い傾向がうかがえた。百分率の低い下位10場面でもF6、C4、D8、F11の4場面が田

第 2 章　怪我・事故場面におけるヒヤリハット認知の現職者―実習大学生間の比較

表 2-1　現職者群によるヒヤリハット認知の場面ごとの百分率
　　　　（上位・下位各 15 位の場面）

■1	A1	友だちと衝突。(96.8)
■2	A6	ほかの子が閉めたドアに、手をはさんだ。(90.3)
■3	A7	友だちに押され、机の角にぶつかった。(87.1)
4	F1	砂場で砂が目に入った。(84.9)
4	F9	友だちを追いかけて走っていて、転倒。(84.9)
■6	A3	友だちに手を引っぱられた。(82.8)
■7	B1	机やいすから転落。(81.7)
■8	D1	ブランコから落ちた。(77.4)
■9	D2	友だちがこいでいたブランコに、ぶつかった。(74.2)
■10	A5	おなかをけられた。(71.0)
11	E9	落ちていたボールを踏んで、転倒。(68.8)
■12	A2	石を投げられた。(67.7)
■12	B2	セロハンテープのカッターで、指を切る。(67.7)
■14	A9	ブロックを取りあい、壁に後頭部をぶつけた。(61.3)
14	C3	雨でぬれた廊下ですべった。(61.3)

（ここまで上位 15 位の 15 場面。以下、第 16 位から第 38 位までは略する）

（ここから下位 15 位の 16 場面）

■39	A8	持ち上げられ、落とされ、後頭部を打撲。(22.6)
39	D12	とび箱から落ちて頭を打った。突き指をした。(22.6)
39	E4	こまを踏んで足を切った。(22.6)
42	F4	木登りをしていて、枝から落ちた。(19.4)
42	F8	サッカーのゴールポストに、あたってしまった。(19.4)
44	B6	昼食中、みそ汁がかかって、やけど。(18.3)
■44	F6	塀にのぼり、踏みはずして落下。(18.3)
46	E6	小さなおもちゃを耳に入れた。(16.1)
■47	C4	保育者の背中からすべり落ちた。(12.9)
47	D4	すべり台のてっぺんに、カバンのひもが引っかかった。(12.9)
47	F2	砂場でスコップを踏んで、足をひねった。(12.9)
50	E7	おもちゃの突起が、頭にささった。(11.8)
■51	D8	トランポリンから、飛びおりて、骨折した。(9.7)
■51	F11	石で、ほかの石を割ろうとして、指を打った。(9.7)
53	B4	壁にかけてあったバッグのひもが首にからまり、意識を失う。(6.5)
54	F12	缶けりをしていて、飛んできた缶が、頭にぶつかった。(5.4)

注：文頭の数字は百分率の高い方からの順位、A1～F12 は田中ら (2003) の事故場面リスト、
　　文末の ( ) の数値は回答者に占める百分率を示す。

中ら(2003)の場面と一致していた。

(3) 学生群におけるヒヤリハット認知の高い場面と低い場面

表2-2には学生群のヒヤリハット認知(質問1)の結果を示した。百分率の高い上位10場面リストを現職者のそれと照合すると、そのうちでA1、A3、A5、B1、D1、D2、F1、F9の8場面(80.0％)が一致した(このうちF1とF9を除く6つは田中ら(2003)の事故場面リストに該当)。現職者群と学生群の両者には、ヒヤリハット体験についてかなり類似したパターンが示された。

ただし、その百分率の高低の程度をみると両者には違いもみられた。すなわち、現職者群では上位10場面がいずれも70％を超えており、15番目でも61.3％の高さになっていた。他方、学生群では上位3番目A3ですでに57.3％に落ち込んでいて、過半数の50％を超えるヒヤリハット場面は3場面にすぎなかった。したがって、百分率の高い場面そのものの数は、学生群の方がかなり少ない傾向がみられた。

一方、ヒヤリハット認知の低い方の10場面(同率があるために現職者群11場面と学生群13場面)においてはC3、D8、F11の3場面しか一致しなかった。しかし、百分率に関しては現職者の方が多少とも高いものの、全般的には低いという点で現職者群と学生群の間にそれほどの開きはみられなかった。

田中ら(2003)の事故場面には現職者群がC4、D8、F6、F11の4場面、学生群ではC4、C6、D8、E5、E7、F6、F11の7場面が同一であった。田中ら(2003)でみられた事故場面がヒヤリハット場面の上位リストか下位リストに偏っているかどうかについて検討したが、これは特に偏りのある傾向は認められなかった。

(4) ヒヤリハット認知に関する現職者群と学生群間の平均値の差

54場面をグルーピングした場面合計得点の傾向(質問1)をみるために、各場面の合計得点を求めて、現職者群と学生群の間の平均値の比較を行った。統計的検定に先立ってファイ係数(四分点相関係数)をもとにした場面合計得点のアルファ信頼性係数を算出したところ、「A子どもどうしで」(現職者群0.652、学生群0.667)、「B保育室で」(現職者群0.560、学生群0.443)、「C園内で」(現職

第 2 章　怪我・事故場面におけるヒヤリハット認知の現職者―実習大学生間の比較

表 2-2　学生群におけるヒヤリハット認知の場面ごとの百分率
（上位・下位各 15 位の場面）

■1	A1	友だちと衝突。(81.1)
2	F9	友だちを追いかけて走っていて、転倒。(73.4)
■3	A3	友だちに手を引っぱられた。(57.3)
■4	B1	机やいすから転落。(42.7)
5	F1	砂場で砂が目に入った。(35.0)
■6	D1	ブランコから落ちた。(22.4)
■7	A5	おなかをけられた。(21.0)
8	E9	落ちていたボールを踏んで、転倒。(20.3)
■9	D2	友だちがこいでいたブランコに、ぶつかった。(19.6)
10	A4	友だちの足が、目にあたった。(18.9)
■11	D11	うんていにぶら下がろうとして、転落。(18.2)
■12	A2	石を投げられた。(14.0)
■12	A6	ほかの子が閉めたドアに、手をはさんだ。(14.0)
■12	E1	積み木の山から落ちた。(14.0)
12	E3	ブロックの角に頭をぶつけた。(14.0)

（ここまで上位 15 位の 15 場面。以下、第 16 位から第 38 位までは略する）

（ここから下位 15 位の 17 場面）

39	B6	昼食中、みそ汁がかかって、やけど。(2.8)
39	D6	すべり台の角に、あごをぶつけた。(2.8)
39	F5	木に衝突。(2.8)
39	F7	ハムスターやウサギに、指をかまれた。(2.8)
■43	C4	保育者の背中からすべり落ちた。(2.1)
■43	D8	トランポリンから、飛びおりて、骨折した。(2.1)
43	F4	木登りをしていて、枝から落ちた。(2.1)
■43	F6	塀にのぼり、踏みはずして落下。(2.1)
43	F11	石で、ほかの石を割ろうとして、指を打った。(2.1)
48	B4	壁にかけてあったバッグのひもが首にからまり、意識を失う。(1.4)
48	E6	小さなおもちゃを耳に入れた。(1.4)
■48	E7	おもちゃの突起が、頭にささった。(1.4)
■51	C6	勢いよく押したドアがはねかえってぶつかった。(0.7)
51	E4	こまを踏んで足を切った。(0.7)
■51	E5	鼻の中にビーズを入れた。(0.7)
51	F10	小石を耳に入れた。(0.7)
51	F12	缶けりをしていて、飛んできた缶が、頭にぶつかった。(0.7)

注：文頭の数字は百分率の高い方からの順位、A1～F12 は田中ら（2003）の事故場面リスト、
　　文末の（　）の数値は回答者に占める百分率を示す。

表2-3 現職者群と学生群間のヒヤリハット認知得点（質問1）の平均値の比較

群 場面	現職者 平均値（SD）	学生 平均値（SD）	t 値
A 子どもどうしで	6.33（1.87）	2.33（1.72）	16.88**
B 保育室で	2.57（1.39）	0.66（0.86）	11.85**
C 園内で	2.17（1.77）	0.35（0.80）	9.32**
D 遊具で	4.71（3.32）	1.09（1.63）	9.78**
E おもちゃで	3.32（2.19）	0.62（1.12）	11.00**
F 園庭で	3.57（2.34）	1.37（1.27）	8.30**

現職者群 n＝93、学生群 n＝143　　** $p<0.01$（両側）

者群 0.719、学生群 0.591）、「D 遊具で」（現職者群 0.854、学生群 0.706、「E おもちゃで」（現職者群 0.701、学生群 0.645）、「F 園庭で」（現職者群 0.744、学生群 0.612）となった。これらの数値をみると「B 保育室で」の場面合計得点など一部のアルファ信頼性係数は相対的に低いものの、全般としてはおおむね高い数値を示した。したがって、これら場面合計得点を用いて現職者群と学生群間の平均値の比較を行った。

独立2群間の平均値の比較を行った結果は表2-3に示されている。「A 子どもどうしで」から「F 園庭で」の6つの場面合計得点すべてについて、いずれも現職者群の平均値の方が学生群の平均値よりも統計的に有意に高い数値を示した。すなわち現職者群の方が学生群よりもヒヤリハット認知の報告が多かった。

(5) まとめと考察

表2-1に示すように、現職者群のヒヤリハット認知の上位10場面の百分率は71％以上の高さであり、下位10場面が18.3％以下であったことから、事故場面をヒヤリハット認知があったとする回答結果には二極化傾向が認められた。これは、とりもなおさず、実際の事故場面すべてについて一様にヒヤリハット認知を行っているわけではないことといえよう。そこで、これらの違いの理由が何なのかを明らかにすることが今後の課題となる。

学生群のヒヤリハット場面は上位3番目で57.3％、4番目は42.7％と過半数を割っており、下位10場面も2.1％と低かった。これらにより、現職者群

表 2-4　現職者と学生が報告したヒヤリハット場面の一致（質問 1）

上位 10 場面	8 場面（A1、A3、A5、B1、D1、D2、F1、F9）
下位 10 場面	3 場面（C3、D8、F11）

表 2-5　田中ら（2003）の事故場面と現職者あるいは学生が報告した
　　　　ヒヤリハット場面との一致（質問 1）

上位 10 場面について	8 場面（A1、A3、A5、A6、A7、B1、D1、D2）	6 場面（A1、A3、A5、B1、D1、D2）
下位 10 場面について	4 場面（C4、D8、F6、F11）	6 場面（C4、C6、E5、E7、F6、F11）

の方が高い頻度でヒヤリハット認知を報告し、対比的には学生群の方が高いヒヤリハット場面が少ないと概観できよう。

　ここまでの要約のために表 2-4 を作成したところ、現職者群と学生群が報告したヒヤリハット上位 10 場面は 8 場面が一致、下位場面は 3 場面が一致した。以上から、ヒヤリハット認知の場面の上位に関しては、現職者と学生の間でかなり一致したと概観できよう。平均値による統計的な比較（表 2-3）からは、A から F のいずれの場面においても、現職者群の方が学生群よりも多くの事故場面をヒヤリハット認知のある場面として報告したことが明らかになった。

　繰り返すことになるが、田中ら（2003）の事故場面 54 と研究 1（第 1 章）のヒヤリハット場面は、発生状況の類似性についての照合作業により 31 場面が一致していた。今回の調査では、田中ら（2003）の事故場面をみてその場面のヒヤリハット体験の有無を求めたわけであり、要約のために作成した上の表 2-5 にあるように、現職者 8 場面、学生 6 場面といういずれも過半数の場面が上位にあがった。以上のリストは事故場面に至らないがヒヤリハット体験の場面でよくある場面という基礎資料として位置づけることができよう。

2. 現職者と学生が重要視する事故場面（質問 2）

(1) 指導意識——現職者が考える学生指導用の事故場面

　質問 2 に関する現職者の指導意識の結果を表 2-6 に示した。D1 の

表 2-6 現職者の学生指導用の事故場面に関する百分率（上位・下位各 15 位の場面）

■1	D1	ブランコから落ちた。(94.6)
■1	D2	友だちがこいでいたブランコに、ぶつかった。(94.6)
■3	A6	ほかの子が閉めたドアに、手をはさんだ。(93.5)
■4	A7	友だちに押され、机の角にぶつかった。(92.5)
■5	A2	石を投げられた。(91.4)
■6	D10	ジャングルジムから落ちた。(90.3)
■7	E5	鼻の中にビーズを入れた。(89.2)
■8	A1	友だちと衝突。(86.0)
■9	C1	階段ですべって転落。(86.0)
■10	D9	鉄棒から落ちて、頭を打った。(86.0)
■11	E1	積み木の山から落ちた。(86.0)
■12	A3	友だちに手を引っぱられた。(84.9)
13	E6	小さなおもちゃを耳に入れた。(84.9)
14	F1	砂場で砂が目に入った。(83.9)
15	B5	画用紙の上で、足がすべった。(82.8)
15	C3	雨でぬれた廊下ですべった。(82.8)
15	D4	すべり台のてっぺんに、カバンのひもが引っかかった。(82.8)
15	E3	ブロックの角に頭をぶつけた。(82.8)

（ここまで上位 15 位の 18 場面。以下、第 16 位から第 38 位までは略する）

（ここから下位 15 位の 17 場面）

■38	A8	持ち上げられ、落とされ、後頭部を打撲。(67.7)
■38	C4	保育者の背中からすべり落ちた。(67.7)
38	F4	木登りをしていて、枝から落ちた。(67.7)
■41	C6	勢いよく押したドアがはねかえってぶつかった。(66.7)
■42	F6	塀にのぼり、踏みはずして落下。(64.5)
43	F7	ハムスターやウサギに、指をかまれた。(63.4)
44	B6	昼食中、みそ汁がかかって、やけど。(62.4)
45	F9	友だちを追いかけて走っていて、転倒。(60.2)
■46	D7	すべり台の下であそんでいて、立ち上がったとき、頭を打った。(58.1)
47	E2	積み木を床においたとき、床との間に指をはさんだ。(57.0)
■48	F3	門柱に頭をぶつけた。(55.9)
49	F1	2 缶けりをしていて、飛んできた缶が、頭にぶつかった。(54.8)
■50	F11	石で、ほかの石を割ろうとして、指を打った。(51.6)
■51	C5	玄関のマットにつまずいた。(49.5)
52	F8	サッカーのゴールポストに、あたってしまった。(48.4)
53	F2	砂場でスコップを踏んで、足をひねった。(47.3)
54	F5	木に衝突。(46.2)

注：文頭の数字は百分率の高い方からの順位、A1～F12 は田中ら（2003）の事故場面リスト、文末の（ ）の数値は回答者に占める百分率を示す。

94.6%をはじめとして、高い百分率の場面が続き、上位15番目でも82.8%と高かった。低い方をみると、一番低いのがF5（46.2%）であり、低い方から10番目でもF9（60.2%）の高さであった。以上は、これら事故場面をいずれも学生の指導に重要と考えていることを示した。

(2) 学生自身が自分で気をつけたいと考える事故場面（学習意識）

表2-7に示したように、D2の95.1%をはじめとして高い百分率の場面が続いていた。上位15番目でも86.0%と高かった。低い方をみると、一番低いのがF12（41.3%）であり、低い方から10番目でもF8（59.4%）の高さであった。いずれも非常に高い場面になっていた。

(3) 指導意識と学習意識の一致度（学習意識）

現職者群の指導意識については、すでに表2-6の結果から明らかなように、D1の94.6%をはじめとして非常に高い百分率の場面が続き、54場面のうちの一番低いF5でも46.2%の高さになった。学習意識については、すでに表2-7に示したように、D2の95.1%をはじめとして一番低いF12（41.3%）に至るまで高い百分率を示した。これらの数値は、現職者と学生という立場の違いにかかわらず、これらの事故場面を大学教育の保育士・幼稚園教諭養成プログラムの段階で重要視していることのあらわれと解釈できるだろう。

別の角度から検討するために表2-8を作成した。上位10場面と下位10場面のリストが現職者の指導意識と学生自身の学習意識の間でどの程度一致したかを突き合わせて整理したものである。いずれも7場面の一致があり、数ある中で重要とみなした場面についての認識がかなり一致しているものとみてよいだろう。さらに、表2-9に上位あるいは下位にあがった場面の一致度を、田中ら（2003）と現職者あるいは学生の間で照合してまとめた。かなりの一致がみられることが明らかになった。

(4) 現職者のヒヤリハット認知場面（質問1）と指導意識（質問2）の関連性

現職者自らが体験したヒヤリハット認知は実習学生にヒヤリハット場面の指導をしようした場面と関連があるだろうか。あるいは自らの体験とは無関係

表2-7 学生自身が自分で気をつけたいと考える事故場面に関する百分率
   （上位・下位各15位の場面）

■1	D2	友だちがこいでいたブランコに、ぶつかった。(95.1)
1	D3	ブランコにふたり乗りをしていて、落ちた。(95.1)
3	C3	雨でぬれた廊下ですべった。(93.0)
■4	B3	たてかけてあった机が倒れて、ぶつかった。(90.9)
■4	D10	ジャングルジムから落ちた。(90.2)
■6	A2	石を投げられた。(89.5)
■6	D9	鉄棒から落ちて、頭を打った。(89.5)
■8	A6	ほかの子が閉めたドアに、手をはさんだ。(89.5)
■8	A7	友だちに押され、机の角にぶつかった。(89.5)
■10	C1	階段ですべって転落。(86.7)
■10	E5	鼻の中にビーズを入れた。(86.7)
12	B4	壁にかけてあったバッグのひもが首にからまり、意識を失う。(86.3)
13	F4	木登りをしていて、枝から落ちた。(86.0)
13	E6	小さなおもちゃを耳に入れた。(86.0)
13	A4	友だちの足が、目にあたった。(86.0)

（ここまで上位15位の15場面。以下、第16位から第38位までは略する）

（ここから下位15位の15場面）

■40	C2	ガラス窓に頭をぶつけた。(68.5)
■41	A1	友だちと衝突。(67.1)
42	F7	ハムスターやウサギに、指をかまれた。(62.2)
■42	F11	石で、ほかの石を割ろうとして、指を打った。(62.2)
■44	B1	机やいすから転落。(60.8)
45	F8	サッカーのゴールポストに、あたってしまった。(59.4)
46	F1	砂場で砂が目に入った。(58.0)
■46	F3	門柱に頭をぶつけた。(58.0)
■48	E8	手押し車でつまづいて、転倒。(54.5)
■49	D7	すべり台の下であそんでいて、立ち上がったとき、頭を打った。(52.4)
50	C5	玄関のマットにつまずいた。(51.0)
50	F9	友だちを追いかけて走っていて、転倒。(51.0)
52	E2	積み木を床においたとき、床との間に指をはさんだ。(47.6)
52	F5	木に衝突。(47.6)
54	F12	缶けりをしていて、飛んできた缶が、頭にぶつかった。(41.3)

注：文頭の数字は百分率の高い方からの順位、A1〜F12は田中ら（2003）の事故場面リスト、文末の
　　（　）の数値は回答者に占める百分率を示す。

第 2 章　怪我・事故場面におけるヒヤリハット認知の現職者―実習大学生間の比較

表 2-8　現職者群と学生群が報告した事故場面の一致（質問 2）

上位 10 場面	7 場面（A2、A6、A7、C1、D2、D10、E5）
下位 10 場面	7 場面（D7、E2、F3、F5、F8、F9、F12）

表 2-9　田中ら（2003）の事故場面と現職者あるいは
　　　　学生が報告した事故場面の一致（質問 2）

	現職者と田中ら（2003）	学生と田中ら（2003）
上位 10 について	11 場面（A1、A2、A6、A7、C1、D1、D2、D9、D10、E1、E5）	10 場面（A2、A6、A7、B3、C1、C2、D3、D9、D10、E5）
下位 10 について	4 場面（C5、D7、F3、F11）	6 場面（C4、C6、E5、E7、F6、F11）

表 2-10　現職者のヒヤリハット認知（質問 1）と
　　　　指導意識（質問 2）の間の関連性（ファイ係数）

1. 子どもどうしで		2. 保育室で		3. 園内で	
A1	0.453**	B1	0.381**	C1	0.257*
A2		B2	0.367**	C2	0.232*
A3	0.366**	B3	0.213*	C3	0.457**
A4	0.214*	B4		C4	
A5	0.310**	B5	0.352**	C5	0.429**
A6	0.358**	B6	0.310**	C6	0.288**
A7	0.255*				
A8	0.318**				
A9					

4. 遊具で		5. おもちゃで		6. 園庭で	
D1	0.213*	E1	0.267**	F1	0.469**
D2		E2	0.401**	F2	0.278**
D3		E3	0.399**	F3	0.360**
D4		E4		F4	
D5		E5	0.216*	F5	0.397**
D6	0.343**	E6		F6	0.234*
D7	0.294**	E7		F7	0.309**
D8	0.215*	E8	0.353**	F8	0.234*
D9	0.213*	E9	0.314**	F9	0.211*
D10				F10	0.213*
D11	0.333**			F11	0.244*
D12				F12	

** $p<0.01$（両側）　* $p<0.05$（両側）

に、重要と考える事故場面を指導しようと意図するであろうか。この関係を探るために、現職者への2つの質問（ヒヤリハット認知と指導意識）の間のファイ係数を計算し、その結果を表2-10に示した。「A子どもどうしで」では9場面のうちで7場面に統計的に有意な関連性が得られた。「B保育室で」では6場面の内で5場面に有意な関連性がみられた。以下、「C園内で」では6場面中で5場面、「D遊具で」では12場面中の6場面、「Eおもちゃで」では9場面中で6場面、「F園庭で」では12場面中で10場面が統計的に有意となった。

以上のことから、現職者が報告したヒヤリハット体験の場面と現職者が指導に重要と考える事故場面との間には54場面中で39場面（72.2%）について両者間に統計的に有意な関連性が認められた。場面によっては異なるものの、おおむね、現職者自身のヒヤリハット体験の有無と実習学生への指導事故場面とは関連性をもって捉えていることが示された。

第4節　考　察

ヒヤリハット体験とは、結果として重大事故に至らず未然に気づいて回避した場面の体験、あるいは事故の程度が軽度にとどまったが重大事故の可能性もあった場面の体験（第1章の定義）のことである。「ヒヤリハット」の語から明らかなように、直面した危険に対して驚いたり恐怖感を抱いたりといった感情を伴うのが特徴である。またある場面を危険であるとする者とそうでないと認知する者の違いは認知能力の差に起因するとされる。すなわち、熟達者（エキスパート）がある場面でヒヤリハット認知をしたとしても、それが必ずしも部外者や初心者にヒヤリハットとして認知されるとは限らない。

図2-1に戻って論点を整理する。第1のポイントは、事故発生とその場面が危険場面であるという認知とが、必ずしも一様でないと現職者にみなされたことである。一例をあげると、ある2歳児が階段登りをしている場面では、保育士Aはその場面を非常に危険だとしてヒヤリハット認知をするが、保育士Bは必ずしもそうではない。その理由は、この幼児は過去に階段から転倒したことがないから大丈夫だとか、階段の下が安全な状態であるから心配ない

とか、保育士Ｂの仕事の優先順位が現在の作業にあるが万一の時にはすぐに対応できるという自己効力感が高いからなどさまざまである。これは可能性の１つではあるが、もしそうならば事故場面とヒヤリハット場面とが必ずしも同一でないという現職者群や学生群の回答結果は、保育場面の安全配慮に関する自身の効力感が異なるからかもしれない。もちろん、このほかにも理由は考えられよう。

　事故場面を共有化するだけでは事故予防策にならないことは明らかである。同様に、ヒヤリハット認知の場面を共有化するだけは事故予防策にならないことも明らかである。しかしながら、一方では現職者は自身のヒヤリハット認知が学生指導に重要な場面と考えていた。そこで、ヒヤリハット認知と事故発生の間の要因としては、保育者の事故回避対処能力を想定することが今後の課題になると考えられよう。

　ヒヤリハット認知が高い事故場面の上位リストは、現職者群と学生群で高い一致度がみられた。このような能力は、両者の間でそれほど違いがないこと、つまりは実務経験とは無関係と考えられる。

要 約

　幼児教育・保育職を志望する学生143名と現職者93名を対象に事故とヒヤリハット認知に関する調査的研究を実施した。田中ら（2003）の実態調査に基づく子どもの事故場面54について、それらをヒヤリハット認知の場面として経験したことがあるか否か（質問１、両群とも）、それらを現職者が学生指導を行うのに重要と考えるか否か（現職者向け質問２）、学生自身が今後の学習課題として受け止めるか否か（学生向け質問２）の択一質問を行った。主な結果は次のようであった。(1) 現職者群も学生群も、必ずしもすべての事故場面にヒヤリハット認知をしたわけではなかった。(2) 54の事故場面をヒヤリハット体験のあった場面とみなした百分率の上位リストは、現職者群と学生群との間で高い一致度がみられた。(3) 現職者群の方が学生群よりも田中ら（2003）の54事故場面についてのヒヤリハット認知平均値が統計的に有意に高かった。(4) 現職者群が指導上で重要と考える事故場面は、学生群自身が今後の学習場面だとみなす場面とかなり一致した。(5) 現職者群は自身のヒヤリハット場面を学生

指導用の事故防止の場面として重要視する傾向がみられた。

第5節　次章への総括

　本書の3つのアプローチの1つ目は、(1) 現職者のヒヤリハット体験の実態把握、(2) 全国的な重大事故発生場面とヒヤリハット体験とが内容的に類似事態であるかどうかの評価であり、これについて研究1（第1章）と研究2（第2章）を行ってきた。ここで、次章に進むことを意識しながら、これまでの結果の概略を再掲しておく。

　研究1（第1章）は現職者が直面したヒヤリハット体験の実態把握であり、子どもの怪我・事故に関するヒヤリハット体験の有無については、

(1) 75％以上の保育士が、自身で過去3か月内に少なくとも1回はヒヤリハット場面を体験した。
(2) 60％以上の保育士が、他の保育士の保育場面において、ヒヤリハット場面を目撃した。
(3) 75％以上の保育士が、保護者による子どもへの対応において、ヒヤリハット場面を目撃した。
(4) 65％以上の保育士が、保育実習生の保育において、ヒヤリハット場面を目撃した。
(5) 3体験（(2)と(3)と(4)）の頻度数の間には、統計的に有意な正の相関関係が相互に見出された。
(6) 保育士の保育経験年数と、3体験（(2)と(3)と(4)）の頻度数との間には、統計的に有意な正の相関関係が相互に見出された。

　そして、上述のヒヤリハット体験の共有化については、
(1) 75％以上の保育士が、自分のヒヤリハット体験を上司等に報告した。
(2) 50％以上の保育士が、その保育士に伝えるとした。
(3) 40％以上の保育士が、その保護者に伝えるとした。

(4) 85％以上の保育士が、その保育実習生に伝えるとした。

　以上を総括すると、現職者自身・同僚・保護者・実習学生は過半数がヒヤリハット場面に遭遇しており、職場内の共有化については上司等には告げるものの同僚や保護者には今ひとつであるとの回答が得られたことになろう。
　ヒヤリハット体験の自由記述を田中ら（2003）による54の事故場面と論理的に内容照合したところ、子どもどうし、保育室、園内、遊具の場面に分類されるケースが多くみられたものの、おもちゃ、園庭の場面では少なかった。また、54の事故場面以外に新たに、誤飲、保育士と子どもの衝突、施設上の死角などについてのヒヤリハット体験が報告された。以上から、ヒヤリハット場面と事故場面の内容は子どもどうし、保育室、園内、遊具の場面ではかなりの一致がみられた。ただし、誤飲、保育士と子どもの衝突、施設上の死角におけるヒヤリハット認知は54事故場面には含まれていなかった。
　上記にみるように、ヒヤリハット場面が常態化していて、重大事故場面54とヒヤリハット場面とが論理的な照合で内容的に一致することの多い傾向が認められたので、研究2（第2章）ではどの重大事故について発生前に事前に「ヒヤリ」「ハッ」とするかのヒヤリハット認知の高い場面を把握しようとした。また、キャリア発達の視座から、現職者と初学者（実習学生）との間でヒヤリハット認知得点を比較しようとした。すなわち、ヒヤリハット場面と田中ら（2003）の事故場面とが時系列的な連続性があるという論理的な連鎖に関わり、第1章では定性的な場面数、第2章では場面ごとにみた定量的な把握を行った。「ヒヤリハット認知→事故場面54」の時系列的連鎖に関する結果は以下のようであった。

(1) 54の事故場面をヒヤリハット体験のあった場面とみなした百分率の上位リストは、現職者群と学生群との間で高い一致度がみられた。
(2) 現職者群の方が、学生群よりもヒヤリハット認知平均値が統計的に有意に高かった。
(3) 現職者群も学生群も、必ずしもすべての事故場面にヒヤリハット認知したわけではなかった。

キャリア発達上の現職者から実習学生（初学者）への指導助言であるが、

(1) 現職者群が指導上で重要と考える事故場面は、学生群自身が今後の学習場面だとみなす場面とかなり一致した。
(2) 現職者群は自身のヒヤリハット場面を学生指導用の事故防止の場面として重要視する傾向がみられた。

〈付記〉本章は、大野木裕明・石川昭義・伊東知之（2011）「保育士・幼稚園教諭・学生による事故防止策の評価——事故場面へのヒヤリハット認知」『仁愛大学研究紀要』（人間生活学部篇）3, 49-62 を大幅に改稿したものである。田中ら（2003）による重大事故場面を研究資料として使用させてくださった田中哲郎先生、田中先生に仲介の労を取ってくださった西村重稀先生、回答にご協力くださった現職者の皆様と学生諸君にお礼申し上げる。

第 3 章

実習大学生のヒヤリハット認知を高めるための教材開発研究

第1節　問題と目的

　家庭での子どもたちの怪我・事故は恒常的に多発していて（田中, 2007b）、そのための環境整備の提案（青山, 2009）等もなされているものの、彼らが一日のかなりの時間を過ごす保育所や幼稚園でも同様の怪我・事故は多発している。園内で発生する子どもの怪我・事故を未然に回避するための方途として、ヒヤリハット認知を高める教材を開発し、また現職者と幼児保育・教育志望学生の年齢的な変化を追究しようとすることが本研究の目的である。

　まず、研究1（第1章）と研究2（第2章）を踏まえてヒヤリハット場面を選定し、その場面についてのヒヤリハット認知得点を用いて、大学生の4年間の横断的な学年による推移や現職者との比較を、キャリア発達的な観点から明らかにしていく。すなわち研究3（本章）では選択したヒヤリハット場面の図版を事前事後の2枚セットとしたQアンドA型の問題解決型教材として試作し、現職者の経験知から判断して時系列的に無理のないプロセスの2枚セットであるかどうか、また教材として生態学的に妥当で適切であるかどうかの判断を求める。次の研究4（第4章）ではこのQアンドA型教材を試行して現職者や学年進行によるヒヤリハット認知得点の推移を調べる。

　本研究では次のような3つを検討することを目的とした。

目的1：どのようなヒヤリハット場面が実習生向けのヒヤリハット教材として適切かについて、現職幼稚園教諭・保育士から意見・判断を求める。（質問3、質問5、質問7）
目的2：どのようなヒヤリハット場面が何歳用として適しているかについて、現職幼稚園教諭・保育士から意見・判断を求める。（質問1、質問2）
目的3：ヒヤリハット場面の教材としての使い方について、言語的な教示に関する意見・判断を求める。（質問4、質問6）

第2節　方　法

1．ヒヤリハット場面の選定

　ヒヤリハット場面を選ぶにあたっては以下のような手続を踏んだ。研究1（第1章）では、現職保育士を対象にして職場のヒヤリハット場面に遭遇した経験に関して質問紙調査を実施して、ヒヤリハット場面の収集とその多様性に着目した定性的な分類整理を行った。その分類にあたっては、全国的な事故調査に基づいて抽出され発表された重大事故場面54（田中ら，2003）との間で怪我・事故場面についての整合性があるかどうかを論理的に照合した。これは事故防止の人的要因として、「ヒヤリハット場面が発生した後に怪我・事故が発生する」という時系列的な連鎖が成り立つので、「保育者・幼児教育者のヒヤリハット認知を高めることによって事故防止が未然に回避可能である」という研究的図式に基づいている。次の研究2（第2章）では、田中ら（2003）の事故発生場面に関して、現職の保育士・幼稚園教諭がその場面をヒヤリハット場面として認知した経験があるか否かの経験を尋ねた。あわせて、実習に臨んだ大学生にも同じことを尋ねた。また、これらの場面に対して、現職幼稚園教諭・保育士が実習大学生に対して学生指導用のヒヤリハット場面として適切であるかどうかの判断も尋ねた。場面としては、現職者が実習生に指導上で重要と回

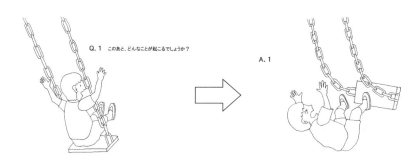

図3-1　　　　　　　　　　　図3-2
怪我・事故発生前の場面例　　怪我・事故の場面例（ブランコから転落）

答した上位15場面（同率のため18場面）を選んだ。さらに、田中ら（2003）の事故場面では扱われていないが研究1（第1章）から得られたヒヤリハット7場面を追加した。

　描画図版は、我々研究グループのうちの1名（伊東）が、ヒヤリハット認知の場面と事後の事故場面のいわゆる事前・事後2枚を1セットとし、合計で24場面（48枚）を試作した。それらの一例を図3-1と図3-2、そのリストを表3-1と本章末の附票2に示した。

2. 質問項目

　これらのヒヤリハット場面の描画とQアンドA問題解決型（怪我・事故の発生前（Q）と発生後（A））が調査の使用に適しているかどうかを確認する必要があるために、以下の（1）から（7）の7つの質問を現職者に対して尋ね、妥当かどうかの意見・判断確認を得ようとした。

(1) このヒヤリハット場面は、何歳に一番多いと思いますか？（絵の人物そのものの年齢を想像するのではなく、場面を手がかりにして考えて下さい。）
(2) 事故前のQ図を見かけたとします。子どもの年齢は先に回答いただいた通りとします。あってはならないことですが、もしも回避もせず、注意もしなければ、次のA図のような結末になるのは、10回のうちで何回ぐらいだと思いますか？
(3) この場面は、実習生向けの事故防止用教材として適切でしょうか？（「適切」「やや適切」「どちらともいえない」「やや不適切」「不適切」の5件法）
(4) この絵を、実習生向けのヒヤリハット教材として使う時、あなたなら、どんな一言を添えますか？（簡単な会話で以下にお書き下さい。自由記述法）
(5) 24場面の中から「実習生向けのイチ押し教材」として1つだけ選ぶとしたら、それはどれですか？
(6) この絵を、子ども向けのヒヤリハット教材として使う時、あなたなら、どんな一言を添えますか？（簡単な会話で以下にお書き下さい。自由記述法）
(7) 24場面の中から「子ども向けのイチ押し教材」として1つだけ選ぶとし

たら、それはどれですか？

3. 調査時期と調査協力者

2012年8月に実施した現職幼稚園教諭・保育士向けの講習会「教育現場の質をより高めるために」に参加した受講者である。集団形式で実施して個々に回答を求め、協力の得られた78名について統計的処理を施した。

4. 手続

1場面はヒヤリハット場面とその後の事故のQアンドA形式2枚組から構成されている。ヒヤリハット場面と事後の怪我・事故場面の描画をすべてスキャナーで読み込んで質問場面セット（教材）を作成し、回答協力者集団に対してパワーポイントを使って1つ1つQ（質問）→A（答）の順に提示していった。すなわちQ場面で「このあとどうなるでしょうか？」、A場面で「こうなりました」のような「事故直前（ヒヤリハット）―事故発生直後」のセット2枚からなる1場面系列をみせた。

24場面（48枚、附票2）すべての提示を終了した後に、事前に用意した回答用紙上の質問1〜質問7までの回答を求めた。回答用紙はA4判24枚（1枚に1場面）からなる。1枚の回答用紙の左上はすでに呈示したヒヤリハット場面、左下はすでに呈示したその後の事故場面、右半分は7つの質問項目とその回答欄である。質問項目はすべての描画場面について同一である。

第3節　結果と考察

1. 目的1に関する結果

目的1は、どのヒヤリハット場面がヒヤリハット教材として適切かに関して現職保育士・幼稚園教諭から意見・判断を求めることであった。質問3、質

問5、質問7に関して得られた結果を要約していく。

質問3は「この場面は、実習生向けの事故防止用教材として適切でしょうか？」であり、回答は「適切」「やや適切」「どちらともいえない」「やや不適切」「不適切」の5件法であった。「適切」と「やや不適切」への回答、「やや不適切」と「不適切」への回答をそれぞれ合計して表3-1にまとめた。結果は、ヒヤリハット場面の教材として適切か否かについて、いずれも高い肯定的な百分率を示した。

低い場面としては、「場面12：友だちに手を引っ張られ転倒」「場面18：ブロックの角に頭をぶつける」の2場面が50％台であったが、他の22場面は60％以上、そのうち18場面は70％以上の適切評価であった。90％以上の場面を概観すると、「場面1：ブランコから転落」「場面3：他の子が閉めたドアに手をはさむ」「場面8：走って出会い頭に友だちと衝突」「場面14：砂場で砂が目に入る」「場面17：スベリ台の手すりに紐が絡まり首が絞まる」「場面19：ビー玉類を口の中に入れる」であった。不適切とする評価は最大でも18.4％の「場面23：子どもの薬を間違える」であった。この場面は適切とする評価は73.7％であり一見矛盾するようにも思える。このほかに不適切との10％以上の回答のある場面には、「場面18：ブロックの角に頭をぶつける」などがあった。回答後の聴き取りの機会が得られた2〜3名の現職者にその理由を尋ねたところ、〈起こるべきでない常識以前の場面である〉〈そのような事故は起こりえないような不自然な絵になっている〉といった言説が得られた。後の検討に値すると考えられる。

質問5は、「24場面の中から『実習生向けのイチ押し教材』として1つだけ選ぶとしたら、それはどれですか？」であった。質問7は「場面1から場面24の中から『子ども向けのイチ押し教材』として1つだけ選ぶとしたら、それはどれですか？」であった。結果を一覧にして表3-2に示す。24場面あるので1場面あたりの選択人数は少ない。実習生用としては、「場面17：スベリ台の手すりに紐が絡まり首が絞まる」（11名、14.1％）、「場面21：大人が振り返り子どもにぶつかる」（8名、10.3％）、「場面22：食事でジンマシンが発生」（11名、14.1％）が目立つ。したがって、どの場面が択一的な場面かについては、回答が非常に分散している傾向が読み取れる。

第3章　実習大学生のヒヤリハット認知を高めるための教材開発研究

表3-1　ヒヤリハット認知を高める訓練教材として適切かどうか（質問3）

場面	適切・やや適切	不適切・やや不適切
場面1：ブランコから転落	94.9（％）	2.6（％）
場面2：友だちの乗ったブランコに激突	84.6	1.3
場面3：他の子が閉めたドアに手をはさむ	94.9	1.3
場面4：友だちに押されて机の角にぶつかる	89.6	2.6
場面5：石を投げられ当たる	76.9	7.7
場面6：ジャングルジムから自損的に落下	85.9	2.6
場面7：鼻の穴にビーズを入れる	79.5	6.4
場面8：走って出会い頭に友だちと衝突	96.1	2.6
場面9：階段で滑って転倒	62.4	11.7
場面10：鉄棒から落下して頭を打つ	65.3	9.5
場面11：積み木が崩れて山から落下	87.0	5.2
場面12：友だちに手を引っ張られ転倒	50.0	12.2
場面13：小さなおもちゃを耳に入れる	78.0	3.9
場面14：砂場で砂が目に入る	96.1	0.0
場面15：画用紙の上で滑って転倒	66.3	13.0
場面16：雨で濡れた廊下で転倒	78.0	6.5
場面17：スベリ台の手すりに紐が絡まり首が絞まる	92.2	3.9
場面18：ブロックの角に頭をぶつける	50.0	17.1
場面19：ビー玉類を口の中に入れる	92.2	0.0
場面20：お菓子の中の乾燥剤を食べる	64.5	14.4
場面21：大人が振り返り子どもにぶつかる	75.3	5.2
場面22：食事でジンマシンが発生	79.2	6.5
場面23：子どもの薬を間違える	73.7	18.4
場面24：大人が閉めたドアで手をはさむ	82.7	1.3

注：数値の左は「適切」「やや適切」の合計百分率、右は「やや不適切」「不適切」の合計百分率。これらを100から引いた数値が「どちらともいえない」の百分率。

表3-2　ヒヤリハット認知を高める訓練教材として「イチ押し場面」（質問5、質問7）

場面	実習生用	子ども用
場面1：ブランコから転落	(5)	7
場面4：友だちに押されて机の角にぶつかる	(3)	13
場面8：走って出会い頭に友だちと衝突	(1)	15
場面14：砂場で砂が目に入る	(4)	7
場面17：スベリ台の手すりに紐が絡まり首が絞まる	11	9
場面21：大人が振り返り子どもにぶつかる	8	(0)
場面22：食事でジンマシンが発生	11	(0)

注：数値は回答者の人数。実習用か子ども用のいずれか片方が7名（約10％）以上の場面だけを表記。

質問7の子ども用であるが、「場面1：ブランコから転落」(7名、9.0%)、「場面4：友だちに押されて机の角にぶつかる」(13名、16.7%)、「場面8：走って出会い頭に友だちと衝突」(15名、19.2%)、「場面14：砂場で砂が目に入る」(7名、9.0%)、「場面17：スベリ台の手すりに紐が絡まり首が絞まる」(9名、11.5%)が上位であった。こちらも回答が分散していることがみて取れる。以上に列挙した場面は、相対的にみてヒヤリハット認知を高めるための場面教材として高い評価の場面であることが示された。なおこれは、子どもの顔や頭に関連している事故場面であるが、これが偶然であるか否かは不明である。

2．目的2に関する結果

どの描画場面が最適年齢かについて現職保育士・幼稚園教諭に尋ねる質問が質問1と質問2であった。

まず質問1「このヒヤリハット場面は、何歳に一番多いと思いますか？（絵の人物そのものの年齢を想像するではなく、場面を手がかりにして考えて下さい。）」の回答結果を表3-3に示す。

一番頻度の高かった年齢を最頻値として示した。かっこは全体に占める百分率である。表の一番上の3歳(51.3%)は、年齢の中で3歳と回答した頻度がもっとも高かったこと、51.3%は3歳が回答年齢カテゴリー全体の51.3%であったことをあらわす。同様に、最頻値次点は、最頻値に次いで頻度の高かった年齢とその百分率である。

概観すると、24場面についての年齢の最頻値は3歳であり、その数は15場面であった。3歳用が最頻値の次点になったのは5場面であり、両方を合計すると今回の図版はほとんど3歳用からとみなしてよい傾向であった。4歳児用とする最頻値は2場面、最頻値が次点であったのは8場面であった。2歳用とみなした最頻値は5場面、最頻値として次点であったのは9場面であった。したがって、おおむね3歳用として最適な教材、正確には2歳から4歳ぐらいまでに適切なヒヤリハット認知の教材とみなされたと考えてよいだろう。なお、5歳用として最適と回答した最頻値は2場面、次点も2場面にとどまっており、結論として5歳に適切とみなす場面が少なかったといえよう。

表3−3 何歳に適切なヒヤリハット場面か（質問1）

場面	最頻値年齢（百分率）	最頻値次点（百分率）
場面1：ブランコから転落	3歳（51.3%）	2歳（26.9%）
場面2：友だちの乗ったブランコに激突	4（46.2）	3（29.5）
場面3：他の子が閉めたドアに手をはさむ	3（40.3）	2と4（同率22.1）
場面4：友だちに押されて机の角にぶつかる	3（33.8）	4（27.3）
場面5：石を投げられ当たる	3（43.6）	4（20.5）
場面6：ジャングルジムから自損的に落下	4（37.7）	5（28.6）
場面7：鼻の穴にビーズを入れる	2（43.6）	3（32.1）
場面8：走って出会い頭に友だちと衝突	5（53.8）	4（30.8）
場面9：階段で滑って転倒	3（36.4）	2（35.1）
場面10：鉄棒から落下して頭を打つ	5（42.7）	4（26.7）
場面11：積み木が崩れて山から落下	3（33.8）	5（31.2）
場面12：友だちに手を引っ張られ転倒	3（43.8）	4（24.7）
場面13：小さなおもちゃを耳に入れる	2（49.4）	3（26.0）
場面14：砂場で砂が目に入る	3（50.6）	2（36.4）
場面15：画用紙の上で滑って転倒	3（37.7）	4（29.9）
場面16：雨で濡れた廊下で転倒	3（46.8）	2（22.1）
場面17：スベリ台の手すりに紐が絡まり首が絞まる	3（53.2）	4（27.3）
場面18：ブロックの角に頭をぶつける	3（40.5）	2（31.1）
場面19：ビー玉類を口の中に入れる	1（63.6）	2（27.3）
場面20：お菓子の中の乾燥剤を食べる	2（48.0）	3（25.3）
場面21：大人が振り返り子どもにぶつかる	3（40.3）	2（22.1）
場面22：食事でジンマシンが発生	2と3（同率35.0）	1（15.0）
場面23：子どもの薬を間違える	3（52.6）	2（22.8）
場面24：大人が閉めたドアで手をはさむ	2（34.8）	3（33.3）

　質問2に移る。質問2は「事故前のＱ図を見かけたとします。子どもの年齢は先に回答いただいた通りとします。あってはならないことですが、もしも回避もせず、注意もしなければ、次の図のような結末になるのは、10回のうちで何回ぐらいだと思いますか？」であった。結果を表3−4にまとめた。発生頻度の高いと予想された方を概観すると、次のようになった。「場面1：ブランコから転落」(6.5)、「場面3：他の子が閉めたドアに手をはさむ」(6.1)、「場面8：走って出会い頭に友だちと衝突」(6.9)、「場面19：ビー玉類を口の中に入れる」(6.5)。10回のうちで何回という数値であるから、これを100％として換算してみると、いずれも60％以上の発生確率として予想されている

表 3-4　事故発生の可能性に関する認知（質問 2）

場面	平均値（SD）	最頻値	中央値
場面 1：ブランコから転落	6.5 (2.9)	10 (24.4)	6.5
場面 2：友だちの乗ったブランコに激突	4.4 (2.4)	3 (28.2)	3.5
場面 3：他の子が閉めたドアに手をはさむ	6.1 (2.9)	8 (28.2)	6
場面 4：友だちに押されて机の角にぶつかる	3.8 (2.2)	5 (26.0)	3
場面 5：石を投げられ当たる	3.8 (2.6)	1 (23.1)	3
場面 6：ジャングルジムから自損的に落下	4.8 (2.8)	2 (16.9)	4
場面 7：鼻の穴にビーズを入れる	4.1 (2.7)	1 (21.8)	3
場面 8：走って出会い頭に友だちと衝突	6.9 (2.8)	10 (25.6)	8
場面 9：階段で滑って転倒	3.8 (2.8)	1 (25.0)	3
場面 10：鉄棒から落下して頭を打つ	3.1 (2.1)	1 と 3（同率、27.0）	3
場面 11：積み木が崩れて山から落下	5.1 (2.7)	5 (20.8)	5
場面 12：友だちに手を引っ張られ転倒	3.6 (2.5)	1 (24.7)	3
場面 13：小さなおもちゃを耳に入れる	3.8 (2.8)	1 (23.4)	3
場面 14：砂場で砂が目に入る	5.4 (2.6)	5 (24.7)	5
場面 15：画用紙の上で滑って転倒	3.0 (2.0)	2 (27.6)	2
場面 16：雨で濡れた廊下で転倒	5.6 (2.8)	5 と 8（同率、18.2）	5
場面 17：スベリ台の手すりに紐が絡まり首が絞まる	3.7 (2.7)	1 (26.3)	3
場面 18：ブロックの角に頭をぶつける	3.6 (2.6)	1 (26.3)	3
場面 19：ビー玉類を口の中に入れる	6.5 (3.1)	10 (30.3)	8
場面 20：お菓子の中の乾燥剤を食べる	3.7 (2.9)	1 (30.3)	3
場面 21：大人が振り返り子どもにぶつかる	3.9 (2.6)	3 (30.3)	3
場面 22：食事でジンマシンが発生	5.3 (4.1)	10 (38.2)	3
場面 23：子どもの薬を間違える	3.3 (3.5)	1 (61.5)	1
場面 24：大人が閉めたドアで手をはさむ	4.4 (3.3)	1 (29.6)	3

ことになる。同様にして発生の可能性の低い方をみると、「場面 10：鉄棒から落下して頭を打つ」（3.1）、「場面 23：子どもの薬を間違える」（3.3）であったが、それでも 30％以上であり、10 回のうちで 3 回以上ということは数字としてかなりの高率といえよう。

3．目的 3 に関する結果

　質問 4 と質問 6 は、ヒヤリハット教材として使用する時の使い方についてどのような教示をしたらよいかという質問であった。質問 4 は、「この絵を、

実習生向けのヒヤリハット教材として使う時、あなたなら、どんな一言を添えますか？（簡単な会話で以下にお書き下さい。自由記述法）」であった。質問 6 は、「この絵を、子ども向けのヒヤリハット教材として使う時、あなたなら、どんな一言を添えますか？（簡単な会話で以下にお書き下さい。自由記述法）」であった。

自由記述は膨大な分量になったので、回答内容を詳細に吟味検討し、以後の研究に反映させることとし、ここでは、「場面 8：走って出会い頭に友だちと衝突」（事故予想確率 69％、最頻値 100％、教材として適している回答 96.1％）、「場面 14：砂場で砂が目に入る」（事故予想確率 54％、最頻値 50％、教材として適している回答 96.1％）の 2 場面について集約したものを表 3-5 に示した。これらの箇条書きの見出しはもちろん主観的な分類にとどまり内容的に重複する部分もあるだろう。

回答例であるが、実習生用として場面 8 を用いる場合、「気を付ける場所＝廊下のコーナー」という説明の仕方だけでなく、「子どもの特性」があらわれるので「不測事態への対応」が必要であることが書かれていた。子ども用教材としての教示では、いろいろな禁止の仕方が書かれていた。具体的には、直接的な禁止、子どもの共感性に訴える禁止、結果を教える説得的コミュニケーション法、約束ごとを守ろうといった道徳性に訴える方法、事故発生という行動予測の教育などがみられた。

場面 14 についても同様の教示は得られた。実習生用教材としての利用では、「気を付ける場所＝砂場」「不測事態への対応」「子どもの行動特徴」について喚起することに触れているのは同様であった。子ども用教材としては禁止、子どもの共感性に訴える、結果を教える説得的コミュニケーション法がみられた。約束ごとを守ろうといった道徳性に訴える方法、行動予測の教育法などもみられた。友だちには禁止といった年齢特有の理由・説明もみられた（なお、これらは本研究の 3 つ目のアプローチに反映させることとした）。

子どもの年齢に着目すると、低年齢では「廊下は走りません」「砂を人に向けてかけないように事前に注意」といった直接的な禁止があり、他方で活動範囲が広くなる高年齢では「廊下を走るとお互いに痛い思いをするよ」といった共感性に訴える言い方がみられた。「見えない先の様子を想定することはまだ

表3-5 描画教材として使用する時の説明（自由記述の要約）（質問4、質問6）

場面8：走って出会い頭に友だちと衝突
実習生用教材としての教示
(1) 気を付ける場所＝廊下のコーナー
・走る子を見つけて注意する。
・ストップする習慣をつけよう。
(2) 子どもの特性
・子どもは目標物があったら周りを見ずに一目散に走ります。廊下は走らないことを伝えていきましょう。
・見えない先の様子を想定することはまだ難しいので、走ると危ないことを事前に伝えることが大切。
(3) 禁止＋理由（事実）
・集団での教室移動の際、曲がり角での事故についてあらかじめ話しておくとよい。
・廊下は走らないようにいってね。ぶつかると怪我するから。
子ども用教材としての教示
(1) 禁止
・曲がり角はストップ。
・廊下を走るのは、危ないよ。
(2) 禁止＋理由（共感）
・廊下を走るとお互いに痛い思いをするよ。
(3) 禁止＋理由（事実）
・廊下は走らないで、ゆっくり歩いていこう。向こう側からお友だちが走ったり歩いたりしてくることがあるよ。
・どっちも見えんで走ったらあかんね。
(4) 禁止＋理由（ルール、約束）
・廊下は走らない約束よ。
・お友だちが歩いているかもしれないから、曲がり角では止まるんだよ。
(5) 教育的指導
・こんな時どうしたらいい？　一度子どもに返し一緒に考える。
・走ったりするとどうなってしまうかな。
場面14：砂場で砂が目に入る
実習生用教材としての教示
(1) 気を付ける場所＝砂場
・必ず砂場で起きる事です。よく注意してみていましょう。
・砂を上から落としたら止めてね。
(2) 不測事態への対応
・風の強い日なんか特に多い。5歳児でもよくあります。
・砂を人に向けてかけないように事前に注意。

(3) 子どもの行動特徴
・子どもはばらまくのが好き。
・訳がわからずしちゃう子がいるので気を付けて。
(4) 教育的指導
・砂をかけられた子には目や顔を洗ったりしてください。
・目に入っていないか確認して、水道水か眼薬。

<u>子ども用教材としての教示</u>
(1) 禁止
・砂をかけては駄目。
・お砂をまいたり、投げたりしないでね。
(2) 禁止＋理由（共感）
・砂が目に入ると痛いから砂を投げないようにしようね。
・砂をかけられたら、お友だちはどんな気持ちになるかな。
(3) 禁止＋理由（事実）
・お友だちの近くで砂をかけると目に入るから、やめておこうね。
・砂は目や耳にはいると目が見えなくなったり、耳が聞こえなくなったりするので絶対に顔にかけないでね。
(4) 禁止＋理由（ルール、約束）
・砂あそびのルールをしっかり守ろうね。
・きまりを守って遊ばないと、もう遊べなくなるよ。
(5) 禁止＋理由（友だち）
・お友だちに砂はかけないよ。
・お友だちの嫌がることはしてはいけないよ。
(6) 教育的指導
・お砂はお友だちにかけてもいいのかな。
・一つ間違っているのはどこ？

難しいので、走ると危ないことを事前に伝えることが大切」といった子どもの認知発達を配慮する記述もみられた。

　場面に特有の言い回しや教示法が散見され、描画場面の教材利用にあたっては、子どもの認知発達や道徳性の発達に関する知見を含むような使用マニュアルが重要であることが示唆された。

要 約

　保育・幼稚園で発生する子どもの怪我・事故を未然に回避するために、ヒヤリハット認知を高めるＱアンドＡ型のヒヤリハット認知教材を開発した。こ

れまでに行った2つのヒヤリハット認知の研究（研究1と研究2）を中心にし、他方で典型的な事故場面の事例集（田中ら, 2003）という調査結果にも配慮しながら、独自に24場面を選んで図版教材を開発し、その場面について保育士および幼稚園教諭の現職者78名に教材利用としての評価を依頼した。ヒヤリハット認知24場面に関する主な結果は次のようであった。(1) 現職者の6割以上が適切と認めた場面は22場面、7割以上では18場面であった、(2) 対象年齢として3歳用教材に適切と評価する場面がもっとも多かった、(3) 5歳用教材に適切と評価する場面は少なかった、(4) ヒヤリハット認知の描画場面をみて後に事故発生が起こる確率の予測は31％から69％に分布し、概してかなり高率の事故発生場面とみなされた。(5) 自由記述からは、子どもの共感性や道徳的判断といった認知能力や指導法に関する内容が含まれていることから、使用マニュアルを作成するにあたって発達的な視点を明確にしていくことを今後の研究課題として位置づけた。

〈付記1〉 調査に回答いただいた現職保育士・幼稚園教諭の皆様にお礼申し上げる。前報から得られたヒヤリハット場面に関する教材作成にあたっては、重大事故場面の描画を参照するについてご快諾くださった、著者の田中哲郎先生（久留米大学医学部客員教授）に心より感謝申し上げる。また、本章をまとめるにあたり西村重稀先生（仁愛大学人間生活学部教授）、三和優先生（仁愛女子短期大学教授、附属図書館長）にご助言いただいた。自由記述回答の整理等については人間生活学部子ども教育学科3年ゼミ学生の宮本華奈さん、栗本実穂さん、内藤有紀さん、岩永華穂さんに手伝っていただいた。記して皆様に感謝申し上げる（注：協力者の所属・肩書きは論文発表当時のもの）。

〈付記2〉 本章は、伊東知之・大野木裕明・石川昭義（2012）「保育実習生のヒヤリハット認知を高める教材開発研究」『仁愛大学研究紀要』（人間生活学部篇）4、39-52 を大幅に改稿したものである。

附票2　QアンドA型ヒヤリハット24場面

場面1：
ブランコから転落

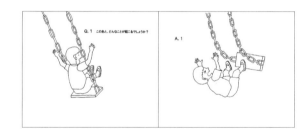

場面2：
友だちの乗ったブランコに激突

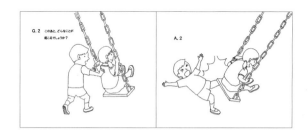

場面3：
他の子が閉めたドアに手をはさむ

場面4：
友だちに押されて机の角にぶつかる

場面5：
石を投げられ当たる

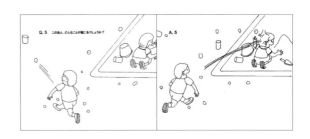

場面6：
ジャングルジムから自損的に落下

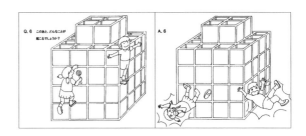

場面7：
鼻の穴にビーズを入れる

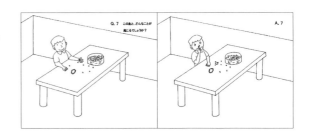

場面8：
走って出会い頭に友だちと衝突

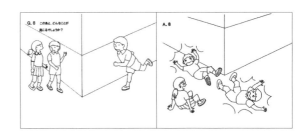

場面 9:
階段で滑って転倒

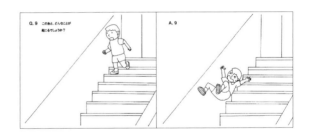

場面 10:
鉄棒から落下して頭を打つ

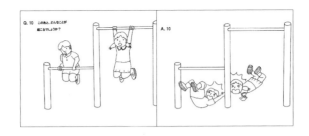

場面 11:
積み木が崩れて山から落下

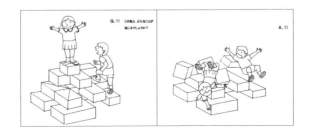

場面 12:
友だちに手を引っ張られ転倒

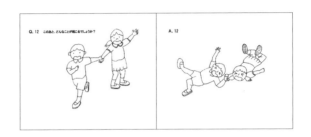

場面 13:
小さなおもちゃを耳に入れる

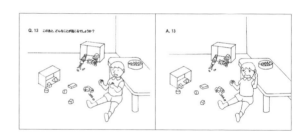

場面 14:
砂場で砂が目に入る

場面 15:
画用紙の上で滑って転倒

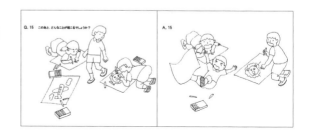

場面 16:
雨で濡れた廊下で転倒

場面 17：
滑り台の手すりに紐が絡まり首が絞まる

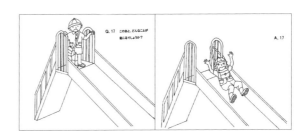

場面 18：
ブロックの角に頭をぶつける

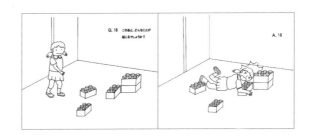

場面 19：
ビー玉類を口の中に入れる

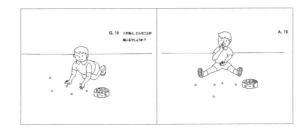

場面 20：
お菓子の中の乾燥剤を食べる

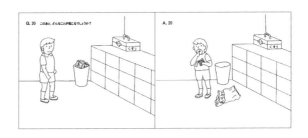

場面 21：
大人が振り返り子どもに
ぶつかる

場面 22：
食事でジンマシンが発生

場面 23：
子どもの薬を間違える

場面 24：
大人が閉めたドアで手を
はさむ

第 4 章

実習大学生におけるヒヤリハット認知の
学年差および現職者との比較

第 1 節　問題と目的

　研究 1（第 1 章）と研究 2（第 2 章）の結果を踏まえて作成した「怪我・事故前のヒヤリハット場面（Q）→その後の怪我・事故場面（A）」の 24 問題（48 枚）について、研究 3（第 3 章）では現職者からヒヤリハット認知の課題解決型教材として適しているかどうかの意見・判断を求めた。本章の研究 4 の目的は、この 24 場面版によるヒヤリハット認知得点が保育士や幼稚園教諭の養成系大学 4 年間においてどのように推移するかを調査研究することにある。そこで、現職者に対してこれら 24 場面の Q アンド A 課題を提示し、保育者として危険場面に「ヒヤリ」「ハッ」とする主観的確率の程度の判断を求める。得られた得点をヒヤリハット認知得点とみなして、大学生 1 年から 4 年生までの学年的変化を明らかにする。また、現職者と大学生を比較することによってヒヤリハット場面におけるヒヤリハット認知得点がどのように同じでどのように異なるかを追究する。さらに、その程度が、大学生段階では現職者と比べてどの程度のものであるかを把握する。具体的には、大きくは以下の 2 つについて調べようとする。

目的 1：Q アンド A 型 24 課題版によるヒヤリハット認知得点が、大学 4 年間の学年進行に伴ってどのように推移するかを横断的調査法によって把握する。
目的 2：Q アンド A 型 24 課題版によるヒヤリハット認知得点が、大学生と現職者（保育士・幼稚園教諭）の間で、どの程度の違いがあるのかを比較検討する。

第 2 節　方　法

1. 調査対象と時期

　現職の保育者（幼稚園教諭・保育士）向けの講習会「教育現場の質をより高めるために」（2013 年 8 月）に参加した受講者 95 名の回答を分析の対象とした。

第4章　実習大学生におけるヒヤリハット認知の学年差および現職者との比較

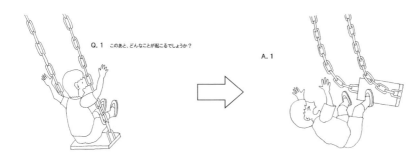

図4-1　子どもの危険場面一例（事後）

　大学生については幼稚園教諭・保育士志望の課程に在籍するA大学学生を対象とし、2013年6月から7月にかけてその学年が受講する授業クラスにおいて実施した。回答の得られた各1クラスの学生、すなわち1年生50名、2年生41名、3年生36名、4年生40名の合計167名を分析の対象とした。

2. 手続

　研究3（第3章）と同様の方法によった。24場面それぞれについて、ヒヤリハット場面と事後の場面の2枚で1セットの図版（図4-1）をプロジェクターで提示し、調査協力者の手元の回答用紙に記入を求めた。調査は集団形式で行った。実施時間は約20分、教示は次の通りであった。

質問1：ヒヤリハット認知の主観的確率（以後、「ヒヤリハット認知得点」と略称する）：「事故前のQ図を見かけたとします。あってはならないことですが、もしも回避もせず、注意もしなければ、次のA図のような結末になるのは、10回のうちで何回ぐらいだと思いますか？」
質問2：該当年齢：「このヒヤリハット場面は、何歳に一番多いと思いますか？（絵の人物そのものの年齢ではなく、場面を手がかりにして考えて下さい。）」

3. 研究上の倫理的配慮

　大学生と現職者のいずれにも、実習事前指導や勤務中の事故防止に関する教材開発研究であるという調査協力依頼の意図を説明して、了解の得られた回答を分析の対象とした。無記名による回答とした。

第3節　結果と考察

1　ヒヤリハット認知得点に関する大学生の学年差（目的1）

(1) 概　観

　質問はリスク現象に対する主観的な確率として10回のうちで何回遭遇するかの見込みを尋ねている。得点は1回が1点として数値化し個人ごとに10点満点で得点化した。そして、学年ごとの平均値とSD（標準偏差）を表4-1に示した。なお、数値は10倍すると100％に換算される。各場面に対するヒヤリハット認知の得点傾向を把握することが目的であるので、まずは場面ごとに1要因4水準（学年：1年生、2年生、3年生、4年生）の分散分析を行った。場面1、場面4、場面5、場面6、場面7、場面9、場面11、場面12、場面13、場面14、場面15、場面20、場面22、場面23、場面24の15場面に関する得点が統計的に有意となった。そこで、24場面を内容的に自損事故、子どもと子どもの事故、大人と子どもの事故の対人的な3タイプに区分してみると、自損場面は12場面のうち7場面が有意、子ども—子ども場面は8場面5場面が有意、大人—子ども場面は4場面のうち3場面が有意であった。つまりは、対人的な接触のこれら3タイプと学年差の有無とが関連するという傾向はうかがえなかった。

　一方、学年差のみられなかった場面を概観して考察したところ、高い得点の場面だけ、あるいは低い得点の場面だけ学年差が、みられないという特徴的な傾向も見受けられなかった。

　分散分析で有意性の認められたヒヤリハット場面について、さらにどの学年

第4章　実習大学生におけるヒヤリハット認知の学年差および現職者との比較

表4-1　ヒヤリハット認知得点の学年別の平均値（SD）

ヒヤリハット場面	1年生	2年生	3年生	4年生	F値
場面1 ：ブランコから転落	5.48 (2.71)	3.98 (1.99)	7.34 (2.70)	6.70 (2.38)	$F = 14.07**$
場面2 ：友だちの乗ったブランコに激突	4.98 (2.62)	3.85 (1.74)	5.06 (2.60)	4.70 (2.17)	$F = 2.32\ ns$
場面3 ：他の子が閉めたドアに手をはさむ	5.70 (2.44)	4.90 (2.35)	5.17 (2.85)	5.70 (2.47)	$F = 1.06\ ns$
場面4 ：友だちに押されて机の角にぶつかる	3.74 (1.59)	3.34 (1.80)	4.19 (2.33)	4.93 (2.14)	$F = 4.96**$
場面5 ：石を投げられ当たる	3.12 (1.93)	2.78 (1.99)	4.92 (2.75)	3.68 (2.38)	$F = 6.65**$
場面6 ：ジャングルジムから自損的に落下	4.12 (2.02)	3.66 (2.00)	5.22 (2.92)	3.05 (1.88)	$F = 6.52**$
場面7 ：鼻の穴にビーズを入れる	4.00 (2.64)	2.37 (1.51)	4.64 (2.50)	2.65 (1.97)	$F = 9.45**$
場面8 ：走って出会い頭に友だちと衝突	6.64 (2.08)	6.22 (2.16)	6.50 (2.26)	6.38 (2.34)	$F = 0.30\ ns$
場面9 ：階段で滑って転倒	4.24 (2.12)	4.22 (2.06)	4.22 (2.88)	2.88 (1.84)	$F = 3.74*$
場面10：鉄棒から落下して頭を打つ	3.62 (1.73)	3.71 (1.55)	3.92 (2.41)	2.93 (1.39)	$F = 2.27\ ns$
場面11：積み木が崩れて山から落下	4.38 (2.04)	3.29 (1.89)	5.14 (2.86)	4.33 (2.11)	$F = 4.52**$
場面12：友だちに手を引っ張られ転倒	3.92 (2.04)	2.83 (1.86)	4.64 (2.05)	2.60 (1.50)	$F = 10.04**$
場面13：小さなおもちゃを耳に入れる	2.64 (1.71)	2.12 (1.50)	3.61 (2.50)	1.85 (1.39)	$F = 7.00**$
場面14：砂場で砂が目に入る	5.48 (2.46)	5.88 (2.15)	6.83 (2.17)	5.50 (2.09)	$F = 3.10*$
場面15：画用紙の上で滑って転倒	3.28 (1.79)	3.20 (1.95)	3.92 (2.40)	2.48 (1.28)	$F = 3.78*$
場面16：雨で濡れた廊下で転倒	5.46 (2.37)	4.90 (2.33)	5.86 (2.46)	5.23 (2.20)	$F = 1.15\ ns$
場面17：スベリ台の手すりに紐が絡まり首が絞まる	2.72 (1.57)	2.76 (2.05)	3.47 (2.72)	2.85 (2.21)	$F = 1.05\ ns$
場面18：ブロックの角に頭をぶつける	3.86 (1.84)	3.41 (1.86)	3.08 (2.17)	2.93 (1.44)	$F = 2.27\ ns$
場面19：ビー玉類を口の中に入れる	6.68 (2.48)	5.63 (2.42)	6.97 (2.29)	6.28 (2.58)	$F = 2.24\ ns$
場面20：お菓子の中の乾燥剤を食べる	4.94 (2.50)	3.56 (2.00)	5.39 (2.79)	3.30 (2.63)	$F = 6.76**$
場面21：大人が振り返り子どもにぶつかる	5.34 (2.40)	5.20 (2.09)	5.08 (2.38)	4.35 (1.94)	$F = 1.66\ ns$
場面22：食事でジンマシンが発生	4.90 (3.10)	2.27 (1.70)	3.36 (3.40)	2.38 (2.18)	$F = 9.53**$
場面23：子どもの薬を間違える	3.68 (2.97)	2.00 (1.48)	2.44 (3.14)	1.45 (1.55)	$F = 7.03**$
場面24：大人が閉めたドアで手をはさむ	5.22 (2.41)	3.29 (2.24)	3.17 (2.75)	2.35 (1.92)	$F = 12.43**$

注：1年50名、2年41名、3年36名、4年40名。合計167名。** $p < .001$（両側）、* $p < .05$（両側）、ns：not significant

表 4-2　ヒヤリハット認知得点に関する学年間の多重比較

場面 1 ：2＜1、2＜4	場面 13：2＜3、3＞4
場面 2 ：—	場面 14：1＜3、3＞4
場面 3 ：—	場面 15：3＞4
場面 4 ：1＜4、2＜4	場面 16：—
場面 5 ：1＜3、2＜3	場面 17：—
場面 6 ：2＜3、3＞4	場面 18：—
場面 7 ：1＞2、1＞4、2＜3、3＞4	場面 19：—
場面 8 ：—	場面 20：1＞2、1＞4、2＜3、3＞4
場面 9 ：1＞4、2＞4、3＞4	場面 21：—
場面 10：—	場面 22：1＞2、1＞3、1＞4
場面 11：2＜3	場面 23：1＞2、1＞4

注：チューキーのHSDによる多重比較、すべて $p<.05$、下線は高学年が大きい。

間に差があるのかをみるためにチューキー（Tukey）のHSD法を用いて群差を調べた結果を表4-2に示した。

　概観すると、以下の傾向がみられた。第1に、2年生と4年生が低く、1年生と3年生が高い項目場面がみられた。第2に、必ずしも、学年と共に単調増加あるいは単調減少するわけではなかった。以上の傾向に関しての解釈はいくつか考えられる。1つには学年進行に伴っていったん下降した後で上昇する傾向なのかもしれない。学年が進み実習経験が多くなるとリスク認知が過剰になってしまい、その結果ヒヤリハット認知の得点が高くなるのかもしれない。逆のことも考えられる。経験を積んで危険を回避する対処行動上の自信が生まれてくると、ヒヤリハット認知得点が低くなるのかもしれない。いずれにせよ、この調査だけでは理由は明らかではない。もう1つの可能性は、学年特有のコホートの反映なのかもしれない。この解釈についても妥当であるかは、今後の追跡的な調査研究に待たなければならない。

(2) 24場面の合計得点による学年差

　24場面に関して因子分析を行ったが因子解釈が容易ではなかったので、24項目全体の合計得点の平均値を算出した。クロンバックの α 係数は .910 と十分に高く、その項目を削除した場合の α 係数も .903 から .911 と高かったので信頼性は確保されているとみなした。学年要因の分散分析の結果は F = 6.27

($df=3/162, p<.01$) となり有意であった。チューキーのHSD法（5%水準）によると2年生（3.72）よりも1年生（4.51）、4年生（3.80）よりも1年生（4.51）、2年生（3.72）よりも3年生（4.72）、4年生（3.80）よりも3年生（4.72）の平均値が有意に高かった。

(3) ヒヤリハット場面の多発年齢

質問2では、子どものどの年齢にヒヤリハット認知が多くみられるかという経験を尋ねた。その結果を表4-3に示した。場面1を例にして表4-3の表記を説明すると、子どもの危険行為にヒヤリハットする場面であるが、その子どもの年齢は3歳に一番多いと判断する回答がもっとも多く、3歳とする回答数が全体の38.8%であった。右の数値には、その最頻値の平均値とSDを示した。

24場面についてそれぞれの結果をみると、3歳児と記入した回答が14場面、4歳児とする回答が5場面であった。

研究3（第3章）と比較して調査結果の安定性について確認する。前報告で現職者に尋ねた調査によると、かなりの場面について結果の一致がみられた（前章の表3-3）。また、最頻値が異なった場面は以下に対照して記すが、これ以外は最頻値の子どもの年齢は一致していた。

表4-3 ヒヤリハット認知が起こる年齢

	年齢の最頻値(%)	平均値 (SD)		年齢の最頻値(%)	平均値 (SD)
場面1：	3 (38.8)	3.69 (1.14)	場面13：	2 (49.4)	2.15 (0.96)
場面2：	4 (41.2)	3.83 (0.96)	場面14：	3 (58.8)	3.28 (0.88)
場面3：	3 (45.9)	3.46 (1.00)	場面15：	3 (45.3)	3.46 (0.96)
場面4：	3 (34.7)	3.83 (1.16)	場面16：	4 (37.1)	4.02 (1.32)
場面5：	3 (29.4)	3.82 (1.39)	場面17：	3 (42.9)	3.64 (1.09)
場面6：	4 (38.2)	4.02 (1.08)	場面18：	3 (42.9)	3.02 (1.03)
場面7：	2 (40.0)	2.41 (1.08)	場面19：	1 (42.9)	1.54 (1.00)
場面8：	5 (38.2)	4.71 (1.37)	場面20：	2 (44.1)	2.15 (1.04)
場面9：	3 (37.1)	3.80 (1.42)	場面21：	3 (48.2)	3.16 (1.02)
場面10：	4 (38.8)	4.63 (1.37)	場面22：	3 (35.3)	2.96 (1.29)
場面11：	4 (39.4)	3.75 (1.00)	場面23：	3 (40.6)	3.14 (1.18)
場面12：	3 (53.5)	3.49 (1.04)	場面24：	3 (44.1)	3.07 (1.09)

場面10:今回は4歳、前報(研究3)は5歳(次点は4歳)
場面11:今回は4歳、前報(研究3)は3歳(次点は5歳)
場面16:今回は4歳、前報(研究3)は3歳(次点は2歳)
場面24:今回は3歳、前報(研究3)は2歳(次点は3歳)

前報ではヒヤリハット認知を高める教材として何歳用が適切と考えるかという問いであるので、今回の何歳に多発する場面かという質問においても、年齢的にかなり対応していると考えられよう。

2. 現職者との比較

(1) ヒヤリハット認知得点の群差

表4-4に大学生群(4学年合計)と現職者群の平均値の差を示した。統計的検定の前に数値を概観すると、24場面すべてについて、現職群よりも大学生群の方が高い傾向がうかがわれた。図版24枚それぞれについてのヒヤリハット認知の群差を調べることが目的であるので、それぞれに独立2群の平均値の差の検定を行った。結果は表4-4にあるように15場面に関して有意差が見出された。

有意差の得られない場面をみると、場面1のように平均値が5点台、場面2のように4点台、場面5や場面12のように3点台、場面13や場面23のように2点台と分散していて、特に高い方や低い方に偏る傾向はみられなかった。

(2) 24場面全体の合計得点による大学生と現職者の平均値の比較

24場面すべての項目を用いて合計得点を算出した(表4-5)。クロンバックの信頼性係数は$\alpha=0.924$、その項目を削除した場合の24のα係数のうちでもっとも低い数値は$\alpha=0.915$であり、数値は満足すべき大きさであった(n=259)。

この合計得点を用いた独立2群の平均値の差の検定は有意であり、大学生群の方が現職者群よりもヒヤリハット認知得点の平均値が高かった($t=4.74$、$df=257$)。

第4章　実習大学生におけるヒヤリハット認知の学年差および現職者との比較

表4-4　大学生と現職者の群差

場面	大学生群	現職者群	t値
場面1：	5.80 (2.75)	5.51 (2.83)	$t<1$ ns
場面2：	4.65 (2.35)	4.20 (2.15)	$t=1.55$ ns
場面3：	5.39 (2.52)	3.93 (2.32)	$t=4.64$**
場面4：	4.02 (2.02)	3.51 (1.98)	$t=2.01$*
場面5：	3.56 (2.37)	3.01 (2.21)	$t=1.84$ ns
場面6：	3.99 (2.32)	3.05 (2.07)	$t=3.27$**
場面7：	3.41 (2.38)	2.96 (2.20)	$t=1.53$ ns
場面8：	6.44 (2.19)	4.66 (2.15)	$t=6.37$**
場面9：	3.90 (2.29)	2.60 (1.66)	$t=5.32$**
場面10：	3.54 (1.81)	2.65 (1.49)	$t=4.06$**
場面11：	4.26 (2.29)	3.05 (1.72)	$t=4.84$**
場面12：	3.49 (2.03)	3.03 (1.92)	$t=1.80$ ns
場面13：	2.53 (1.89)	2.47 (2.03)	$t<1$ ns
場面14：	5.87 (2.28)	4.35 (2.09)	$t=5.37$**
場面15：	3.20 (1.92)	2.52 (1.69)	$t=2.91$**
場面16：	5.35 (2.34)	4.23 (2.28)	$t=3.76$**
場面17：	2.92 (2.13)	2.27 (1.98)	$t=2.43$*
場面18：	3.36 (1.86)	3.07 (2.21)	$t=1.12$ ns
場面19：	6.39 (2.48)	5.43 (3.37)	$t=2.43$*
場面20：	4.31 (2.62)	3.26 (3.08)	$t=2.90$**
場面21：	5.01 (2.23)	2.74 (1.66)	$t=9.37$**
場面22：	3.32 (2.88)	3.09 (3.55)	$t<1$ ns
場面23：	2.47 (2.55)	2.00 (2.92)	$t=1.35$ ns
場面24：	3.62 (2.57)	2.29 (2.27)	$t=4.32$**

注：** $p<.01$（両側）、* $p<.05$（両側）、ns：not significant　$df=260$、欠損値のある場面1、場面9、場面22、場面23は$df=259$。場面9、場面11、場面19、場面21、場面22、場面24は等分散を仮定しない。

表4-5　ヒヤリハット認知24場面の合計得点による平均値の比較

群	平均値 (SD)
大学生	4.19 (1.31)
現職者	3.37 (1.39)

大学生群：166名、現職群：93名。

(3) 24場面の合計得点と年齢間の相関

大学生、現職者、大学生と現職者の合計（合併データ）の3通りに関してピアソンの相関係数を算出した。結果を表4-6に示した。大学生群、現職者群のいずれも有意とならなかったが、合併群では有意となり、経験年数が多くなるに従ってヒヤリハット認知得点が低くなる負の相関関係が得られた。

表4-6 24ヒヤリハット認知得点と学年（年齢）間の相関関係

大学生群 (n=166)	$-.11$	ns
現職者群 (n=93)	$-.04$	ns
合併 (n=259)	$-.24$	$p<.01$ （両側）

3. まとめ

研究3（第3章）では、子どもの危険行動に関して「ヒヤリ」「ハッ」とする場面の図版を作成した。この図版は、事故直前と事故発生の時系列的な2枚の絵を1組とする合計24場面からなっている。本研究の主な目的は、このQアンドA型ヒヤリハット24場面によって測定したヒヤリハット認知の得点が、幼児教育志望の大学生の4学年の間でどのように変化するのかを調べることであった。ヒヤリハット認知の程度は、事故がどの程度の確率で発生しそうかというヒヤリハットを伴う主観的な確率として定義した。大学生1～4年生167名と現職者95名に対して行った調査から、主に次のような結果が得られた。

(1) 図版ごとにみると、24場面中の15場面において、大学生の4学年間のヒヤリハット認知の平均値に統計的な学年差がみられた。しかし、学年と共に単調増加あるいは単調減少になった項目は少なく、得点は複雑な変化を示した。
(2) 大学生群の学年要因とヒヤリハット認知得点の間には、統計的に有意な相関関係はみられなかった。
(3) 大学生群は現職者群よりもヒヤリハット認知の平均値が統計的に高かっ

た。
(4) 大学生と現職者の合併データから、ヒヤリハット認知の得点と保育経験年数との間には有意な負の相関がみられた。これは、保育経験年数の上昇と共にヒヤリハット認知の平均値が下降する関係を示した。

　以上のことを踏まえて結果を解釈する。現職者を含んで長きにわたるキャリア発達としてみればヒヤリハット認知の得点は低くなっていくが、一方で大学生4年間では高くなったり低くなったり複雑な変化を示すと考えられよう。ただ、この解釈にはいくつかの確認すべき問題が残されている。1つは何らかの理由による学年特有の傾向（コホート）かもしれない。もう1つはヒヤリハットQアンドA型24場面版に特有の傾向かもしれない。この点を明らかにするためには、追跡調査を行ったり、別のヒヤリハット場面を作成したりする必要がある。これらは今後の課題として残されている。

　保育士のヒヤリハット経験に関する研究1（第1章）では、保育経験年数と保育士自身のヒヤリハット体験数との間には、有意な負の相関関係は見出されなかった。本章のQアンドA型24場面版を用いたヒヤリハット経験と保育経験年数との間でも同様の結果が得られているので矛盾はない。ただし、研究1（第1章）の調査では、調査回答の保育士の保育経験年数と、その保育士からみた他の保育士のヒヤリハット場面数の間には、有意な正の相関関係が得られている。また、実習学生のヒヤリハット場面数に対しても同様であった。これらのことから、保育者の保育経験年数はヒヤリハット認知を高めるが、自身のヒヤリハット場面に関しては関わりがみられないことが予想される。すなわちヒヤリハット認知のような危険感受性が高まることと、職能としての事故防止の対処能力の形成とは、別のメカニズムが働いているという可能性がある。ただ、詳細は今後の課題として残されている。

第4節　次章への総括

　研究3ではこれまでの2つの研究と田中ら（2003）を踏まえてヒヤリハット

認知を高めるQアンドA型教材（24場面）を開発した。そして、保育士および幼稚園教諭の現職者78名に教材としての意見・判断を求めた。主な結果は次のようであった。(1) 現職者の6割以上が適切と認めた場面は22場面、7割以上では18場面であった、(2) 対象年齢として3歳用教材に適切と評価する場面がもっとも多かった、(3) 5歳用教材に適切と評価する場面は少なかった、(4) ヒヤリハット認知の描画場面をみて後に事故発生が起こると予想する確率は31％から69％に分布し、概してかなり高率の事故発生場面として評価された。(5) 自由記述からは、子どもの共感性や道徳的判断といった認知能力や指導法に関する内容が含まれていることから、使用マニュアルを作成するにあたって、年齢だけでなく認知発達的な視点を明確にしていくことが特に使用の際の留意点として研究課題と考えた。

　研究4では、同一のQアンドA型教材（24場面）についてキャリア発達的な観点から調査研究を行った。保育の幼児教育を専攻する大学1～4年生167名（同一学科）と保育・幼稚園勤務の現職者95名に対して回答の協力を求めた。Q（ヒヤリハット場面）からA（事故発生）に至る主観的な確率の程度の判断を求め、これをヒヤリハット認知得点と定義して結果の分析を行った。主な結果は以下のようであった。(1) 場面ごとにみると、24場面中の15場面において、大学生のヒヤリハット認知得点の学年差が見出された。しかし、学年の上昇に伴う得点の増減傾向は複雑なパターンを示した。必ずしも単調増加あるいは単調減少を示さなかった。(2) 24場面全体の得点では、大学生群の方が現職者群よりもヒヤリハット認知得点の平均値が統計的に有意に高かった。(3) 大学生と現職者の合併データからは、24場面全体のヒヤリハット認知得点と保育経験年数との間に有意な負の相関がみられた。すなわち、経験年数の上昇と共にヒヤリハット認知得点が下降した。(4) ただし、大学生4学年群についてみると、学年要因とヒヤリハット認知得点の間には有意な相関関係はみられなかった。

　以上のことから、場面ごとにヒヤリハット認知得点の学年差（年齢差）には相違が認められるものの、保育経験年数とヒヤリハット認知得点とは負の相関を示し、現職者群の方が大学生群よりも平均値が低いことから、キャリア発達的には一般的な実務経験や場面・事故等の経験および共有化を含む保育経験年

数に伴ってヒヤリハット認知得点が減少していくことと考えられよう。
　以下の章では、実際にどのような教示・説明をしながらヒヤリハット図版を使用していくかについて、場面ごとに具体的なスクリプト（脚本、シナリオ）を確認していくことにしたい。

〈付記〉本章は、大野木裕明・伊東知之・石川昭義（2013）「子どもの危険な行為24場面に対する大学生のヒヤリハット認知の学年差」『仁愛大学研究紀要』（人間生活学部篇）5,73-80を大幅に改稿したものである。本研究を行うにあたって回答にご協力くださった現職者の皆様と学生諸君にお礼申し上げる。

第 5 章

子どものヒヤリハット認知能力を高めるための塗り絵教材の開発的研究（Ⅰ）

第1節　問題と目的

　子どもの重大事故発生には、大きくは人的な要因と環境的な要因とが関与している。我々は保育士や幼稚園教諭といった幼児教育の職業的実践家を大学段階で養成する立場から、特に実習先での怪我・事故防止という直近の課題から出発して、いわゆる危険予知能力や危険感受性の用語に代表される能力に着目した。そして、これを直後に怪我・事故の発生が引き起こされる場面としてのいわゆるヒヤリハット場面の問題として3つのアプローチから検討を加えてきた。1つ目のアプローチは研究1（第1章）と研究2（第2章）、2つ目のアプローチは研究3（第3章）と研究4（第4章）に示し、本章と次章（第6章）は3つ目のアプローチによる研究5と研究6の結果報告に相当する。

　1つ目のアプローチは、現職者と志望大学生において定性的および定量的に把握される職能的な差異と類似性に関する検討であった。研究1（第1章）では、現職者が経験したヒヤリハット場面の実態把握の現状、あるいは現職者から実習学生への指導助言の内容を実態調査や意識調査によって追究した。また、全国調査に基づいて田中ら（2003）が作成した重大事故そのものの発生場面の一覧表と、我々が調査した事故直前のヒヤリハット場面との論理的な照合を行って、ヒヤリハット場面と事故発生との時系列的な因果関係の認知が安全意識に関わることを議論した。研究2（第2章）では、ヒヤリハットに関する場面想定法を用いることによって現職者と実習学生との間のヒヤリハット認知を比較検討し、大学生段階でのヒヤリハット認知能力や危険感受性の質が現職者のそれとどう違うのか、何が実習学生と現職者で類似しているかを場面の多様性に着目しながら明らかにしようとした。

　2つ目のアプローチは2つの研究から構成される。研究3（第3章）ではこれまでの研究1と研究2におけるヒヤリハット場面および事故統計による田中ら（2003）の重大事故場面54を十分に踏まえて、ヒヤリハット認知を調べるQアンドA型24場面の教材図版を開発し、現職者から意見・判断を得た。研究4（第4章）では、そのQアンドA型ヒヤリハット24場面を用いて、大学在学の1年生から4年生までの横断的な学年間比較を行うことにより、職

第 5 章　子どものヒヤリハット認知能力を高めるための塗り絵教材の開発的研究（Ⅰ）

能発達的なみちすじをヒヤリハット認知得点の学年差によってたどった。また、保育・幼児教育志望の大学生と熟達した現職者間の定量的・定性的な職能の異同を明らかにし、それを踏まえて大学での養成プログラムに反映させるみちすじを開こうとした。

　本章と次章で報告する 3 つ目のアプローチは、現場介入を目指したアプローチである。すなわち、当事者である幼児用の塗り絵教材を開発し、子どもたちと保育・幼児教育の現職者におけるヒヤリハット認知を高めるための教材の使用マニュアルを作成することを目的としている。

　本研究 5（本章）と次の研究 6（第 6 章）は実施時期、調査協力者、ヒヤリハット場面のいずれもが異なるが、1 つの連続した研究であり、両方でひとまとまりをなしている。すなわち、本研究 5 ではヒヤリハット場面の描画を使っていわゆる危険予知能力を高めるための具体的な教示・説明の脚本（スクリプト）の典型例（プロトタイプ）を帰納的にまとめることが目的である。次の研究 6（第 6 章）では、本研究 5 で得られるはずの教示・説明の脚本（スクリプト）が別のヒヤリハット場面と現職者においても認められるかどうかを再確認、すなわち演繹的に検証することが目的である。

第 2 節　方　法

1. 調査の時期と回答協力者

　2014 年 8 月に実施した幼児教育に関する研修会「教育現場の質をより高めるために」に参加した現職の保育士と幼稚園教諭の合計 125 名。回答の不備を除いた 123 名の回答を後の集計の対象とした。

2. ヒヤリハット 40 場面の作成

　2013 年 8 月に実施した現職者向け研修会の参加者に対して、子どもの事故発生前の「ヒヤリ」「ハッ」とする場面を自由記述してもらうように協力を求

めた。我々3名の研究チームがそれらの場面を要約すると80場面が得られた。本研究では、そのうち任意に40場面を選びA4判で描画化した。これらの図を章末の附表3に示す。描画は2枚すなわち場面A（事故や怪我の発生前の「ヒヤリ」「ハッ」とする事前場面、Q）と場面B（その後に事故や怪我の発生した事後場面、A）のQアンドAの1対であり、研究者のうちの1名（伊東）が塗り絵教材用に作成した。これらの中で、どの描画場面が子ども自身のヒヤリハット認知能力を育成するために適切な教材になりうるかについて、その判断を経験知の豊富な現職者に尋ねることとした。

3. 調査手続

40場面から無作為に4場面を選び、それを2×2に配置してA3判用紙1枚に複写した。この各場面には事前場面Aのみを用いた。回答協力者はこのランダムに配布された1枚（4場面）の中から現場でもっとも指導が必要と判断する場面を1場面選び、その絵を塗り絵教材として使用する時の、(1) 自分で考えたその場面のタイトル、(2) その場面を使って子どもに事故防止のための注意喚起をする時の指導・助言内容（スクリプト）を構想することを求めた。場面は40あるので、1場面あたりの被選択数は最大で12～13となる。回答は集団に対して行い、各自個別に所定の用紙に記述することを依頼した。なお、回答の依頼の直前に、場面Aと場面B（いわゆる事前事後）の40対すべてを連続してプロジェクターでQアンドA式に提示し、各自への依頼内容の周辺的理解を図った。

第3節　結果と考察

1. 場面の精選

どの場面を何名が選んだか集計したところ、表5-1のようになった。表5-1には40場面のうちで最低1名でも選択のあった31場面が掲載されている。

第5章　子どものヒヤリハット認知能力を高めるための塗り絵教材の開発的研究（I）

表5-1　被選択場面の回答分布

場面番号「タイトル」	件数	場面番号「タイトル」	件数
場面2「プールに近づく」	9	場面21「チャンバラ遊び」	5
場面3「積木の上でバンザイ」	4	場面22「ボールをキック」	2
場面5「トランポリン」	4	場面23「4人で食事中」	6
場面6「プールの中」	1	場面25「幼稚園バスの中」	3
場面7「傘を持って並ぶ」	5	場面27「座ったイスでブラブラ」	9
場面8「いすを持って移動」	2	場面28「引き出しを空ける」	1
場面9「縦列散歩」	4	場面29「平均台の上」	1
場面10「机を運ぶ」	3	場面31「大勢ですべり台」	2
場面11「なわとび」	2	場面32「水筒を振り回す」	9
場面12「サッカー遊び」	3	場面33「ブランコ遊びと傍観」	8
場面13「歯磨き中に走る」	7	場面35「お魚を食べる」	3
場面16「床にハサミ」	5	場面36「ボールを追って鉄棒へ」	1
場面17「集団でなわとび」	5	場面37「紙切り作業と傍観」	3
場面18「窓枠にぶら下がり」	1	場面38「すべり台で向かい合う」	8
場面19「乳母車で移動」	2	場面40「遊具の上でバンザイ」	1
場面20「走ってトイレへ直行」	4		

n=123　回答数がゼロの場面は掲載を略。

表5-1のタイトルは暫定的に付けたものである。回答者からまったく選択されなかったのは9場面であり、これらは表5-1には掲載していない。場面の番号は通し番号であり、何かの優先順位を示すものではない。

　場面を精選するために、約半数（12分の6ないし13分の6）の6件以上を多かった場面の目安として列挙すると、場面2「プールに近づく」、場面13「歯磨き中に走る」、場面23「4人で食事中」、場面27「座ったイスでブラブラ」、場面32「水筒を振り回す」、場面33「ブランコ遊びと傍観」、場面38「すべり台で向かい合う」の7場面があがった。この採択水準を1つ下げて5件以上とすると、場面7「傘を持って並ぶ」、場面16「床にハサミ」、場面17「集団でなわとび」、場面21「チャンバラ遊び」の4場面が追加となったので、これを加えた11場面について内容を検討してプロトタイプ的な検討をすることにした。

2. 個々の場面の検討

　精選した11場面について得られた記述を検討し、場面のタイトルおよび結

語を抽出した。それらは一覧表に示し（附票4）、あわせて典型的な一例を別表（表5-2～表5-13）に転載した。

　タイトルの後に続く「結語」は保育・教育者が塗り絵教材を使いながら事故防止・安全行為を促す締めくくりの言葉である。「約束だよ」「一緒に守ろうね」のような言葉は「約束」、危険回避のための「ダメだよ」「～しない」「して下さい」のような言葉は「禁止・指導」、絵にとどまらず子どもへの実技指導や保育・教育者の示範のような言葉や行為は「示範・実技指導」として分類できたので見出しとしてあげた。ただし、この分類見出しは記述内容の具体度に依存しており、必ずしも厳密なものではない。なお、転載の際には、一部を漢字に改めて示した。

（1）場面2「プールに近づく」

　図5-1に場面2を示し、表5-2に回答の一例を示し、表5-3には得られた回答の一覧をまとめる。

　現職者がこのヒヤリハット場面を使って指導・説明を行うスクリプトであるが、それらの回答に対して以下のような観点から分析と集約作業を行い、以下もほぼ同様に実施したので、ここで一例を略述しておく。

　表5-2をみると、内容的にみて非常に典型的な構造を備えている。おおよそは次のようになる。まず、「プール好きな子？」と聞いて、子どもたちの興味・関心を引きつけている。次に危険があることに気づかせるために、「すぐに走って入りにいったらどうなる？」と問いかけて、転倒することがあり結末

図5-1　場面2「プールに近づく」

第5章　子どものヒヤリハット認知能力を高めるための塗り絵教材の開発的研究（Ⅰ）

表5-2　場面2「プールに近づく」に関する回答の一例

タイトル「プールに早く入りたい」
先生：「プール好きな子？」
子ども：「は〜い」
先生：「みんな大好きだよね。先生もプール早く入りたいなぁ。でも、すぐに走って入りにいったらどうなる？」
子ども：「転ぶー」
先生：「そうだね。プールのまわりは水がいっぱい濡れているから走ると滑るね。滑ると怪我をして入れなくなるね。どうするといい？」
子ども：「ゆっくり行く。歩いて入るー」
先生：「そうだね。ゆっくり入ってみんな楽しくプール遊びしようね」
子ども：「は〜い」

表5-3　場面2「プールに近づく」に関するいろいろな回答例の要約（タイトルと結語）

①タイトル「プールに早く入りたい」	約束「ゆっくり入ってみんな楽しくプール遊びしようね」
②タイトル「プールは楽しい‼…でもね…」	約束「みんなは歩いていこうね！」
③タイトル「プールに入る前のお約束」	約束「必ず先生と一緒に入る事。一人では入らない」「この大切なお約束を守って下さい」
④タイトル「楽しく水あそびするためのお約束」	約束「プールのまわりは、走らないってお約束しましょうね」
⑤タイトル「わあい　プールだ！」	約束「みんなもこれからプールに入るときは、今日学習したことに気をつけて安全で楽しいプールにしましょうね」
⑥タイトル「すってんころりん　滑らないようにね」	約束「プールサイドは走らない。これは約束だよ。守ろうね」
⑦タイトル「プールのまわりでは走らない」	禁止・指導「絶対にプールもまわりでは走らないで下さいね」
⑧タイトル「プールあそびの約束」	約束「準備運動をしっかりとして、走らないで、ゆっくりとプールに入って下さいね」
⑨タイトル「プールに入る時のお約束」	禁止・指導「走らずにお友だちの後ろを並んで歩いて行こうね」

が危険であることを気づかせている。次に、危険な結末を回避するためにはどう行動したらいいのかを考えさせている。「そうだね。プールのまわりは水がいっぱい濡れているから走ると滑るね。滑ると怪我をして入れなくなるね。どうするといい？」。子どもたちから得られた望ましい解答「ゆっくり行く。歩いて入るー」をすぐに言語的に承認し誉めて、これが適切な安全行為であることを相互に確認している。そして、危険な不適切な行為を禁止し、安全で望ま

しい行為を勧めている。これを時系列的に箇条書きにすると、おおよそ次のようになる。

1. 子どもの興味・関心を喚起
2. 描画の中の不適切行為への焦点化
3. 引き起こされる危険な結末を予想
4. 「不適切行為→危険な結末」の因果関係の意識化
5. その回避策を立案「不適切行為の禁止（または適切行為の順守）→安全な結末」
6. 回避策の確認（禁止・指導、約束、示範・実技指導）

　1〜6はすべて保育・教育者または子ども自身による活動である。これは典型的なシナリオで、「2. 不適切行為への焦点化」は質問によって注意喚起する場合もあれば、保育・教育者の方が問題提起することもある。「4.『不適切行為→危険な結末』の因果関係の意識化」は子どもたちとの応答では誘導できない場合もある。その場合には、一方向的な教え込みや、禁止行為だけの強調もみられた。別の回答例であるが、「血が出る」「痛い」などの具体的な苦痛を強調する回答もみられた。あるいは、描画を説明・解説したりするだけではなく、保育・教育者が示範・実技指導することもあった。最後の「6. 回避策の確認」は、子どもの年齢や性格あるいは保育・教育者―子ども間の普段からの対人的関係をもとに「一緒に約束」「禁止・指導」「示範・実技指導」といった手段を選ぶようである。後述して示した場面13の例のように、子どもの理解力不足を念頭に、子どもの反応を引き出すよりもむしろ教え込んで理解を促すような解説に力点が置かれる例もみられた。以上は、帰納的に集約すると、この場面2「プールに近づく」だけでなく、ほとんどの場面の解説にみられる典型的なスクリプトであった。

　以後は煩雑さを避けるために、場面7「傘を持って並ぶ」（表5-4）のように回答例のみを順に示していくことにする。回答のリストは附票4として章末に示す。

第5章　子どものヒヤリハット認知能力を高めるための塗り絵教材の開発的研究（Ⅰ）

表5-4　場面7「傘を持って並ぶ」に関する回答の一例

タイトル「傘は大好きだけど危険もある！」
保育士：「このお友だちは何かを持ってお散歩です。これ何？」
子ども：「傘！」
保育士：「上手に持って歩いていますが、実はこのお友だちの間で事件が起こります。さて何が起きたでしょうか？…後ろのお友だちが前のお友だちを追い抜いて、ケンカが始まりました。そしてお友だちが何かで叩いてしまいました」
子ども：「わかった！　傘で叩いたんや」
保育士：「当たりです！」「したらダメだけど叩いてしまったのでした」「叩かれた子、どうなったと思う」
子ども：「傘が当たって怪我をした！」
保育士：「その通りです。この傘の中で危ないのはどこでしょうか？」
子ども：「尖ったとこ」
保育士：「そう。この尖った所をお友だちに向けてるとどうなるかな？」
子ども：「刺さる」
保育士：「そうやね。ケンカもダメやけどお友だちに尖った所を向けると危ないね」「傘は雨が降ってきたらお空に向かってさしてね」

表5-5　場面13「歯磨き中に走る」に関する回答の一例

タイトル「おっと　危ない　ハブラシ君」
歯ブラシを片付けている時のことです。Aちゃんが歯ブラシをくわえてやってきました。
保育士：「あれ、Aちゃん、歯ブラシ君はどこのお家に入っているのがいいかな？」
子ども：「あ!!　コップのお家に入れて運んであげるんだった」
保育士：「そう!!　あたり」絵を見せながら「でも、どうして口に入れたらダメなのかな？」
子ども：「危ないから」
保育士：「どうして危ないと思う？」
子ども：「刺さる」
保育士：「そうだね。歯ブラシを口に入れたまま歩いたり、走ったりして転ぶと、歯ブラシがノドに刺さって血がいっぱい出るんだよ。絶対に歯ブラシを口にくわえたまま歩いちゃダメだよ。こうやって、歯ブラシはコップに入れて運ぼうね」

表5-6　場面16「床にハサミ」に関する回答の一例

タイトル「何か落ちているよ」
子どもに問いかけ、質問形式で展開していく
先生：「あれっ？　何か落ちているよ!!　何が落ちているかな？」
子ども：「ハサミ！　くぎ！」
先生：「そうだね！　お友だちが走ってきたけど、踏んだらどうなるかな？」
子ども：「怪我する！　血が出る！　あぶないよ～」
先生：「じゃあ転んだら？」
子ども：「刺さるよ～！　いたいよ～」
先生：「そうだねぇ。刺さったら痛いよねぇ。じゃあどうしたらいいかな？」
子ども：「走らない！　お片付けする!!」
先生：「そっかあ!!　じゃあお片付けしようか」

表5-7 場面17「集団でなわとび」に関する回答の一例

タイトル「なわとびの練習の仕方」

先生:「今日からなわとびの練習を始めたので、休み時間になわとびを使っても良いのだけど、どのようなことに気をつけたらよいかな。この絵を見て一緒に考えてみよう」
先生:「まず一番前にいる子は何をしているかな?」
子ども:「なわとび」
先生:「では後ろの2人の子は何をしているかな?」
子ども:「追いかけっこ」
先生:「そうだね。まん中の子がこのまま走っていったらどうなるかな?」
子ども:「なわとびに当たる」
先生:「当たるとどう?」
子ども:「痛い」
先生:「そうだね。当たると痛いよね。そうならないためにはどうしたらよいかな? まず、なわとびをしている子はどうすればよかった?」
子ども:「なわとびをする前に、まわりを確認する。なわとびをすることをまわりに伝える」
子ども:「広い場所で跳ぶ。なわとびをしていい場所で跳ぶ」
先生:「では、追いかけっこをしていた子はどうすれば良かったかな?」
子ども:「なわとびをしている子に近づかない」
先生:「そうだね、追いかけっこをしていた子もなわとびをしていた子もお互い気をつける事が大切だね」

表5-8 場面21「チャンバラ遊び」に関する回答の一例

タイトル「チラシバトルレンジャー」

先生:「さぁみんな、絵を見て。何をしているかな(絵をかざす)」
子ども:「戦い?」「剣を自慢してる」
先生:「そうだね。絵のお友だちの持っているのは、みんなが大好きなチラシで作った剣! 最初は、『ぼくのすごいでしょ』『いいや、ぼくのもすごいでしょう』と自慢しあっていたけど…あらあらケンカになってきちゃった。何やら剣を振りまわし始めたよ。この剣、振り回すとどう?」
子ども:「頭ぶつかる!」
先生:「そうだね、頭にぶつかったり、あとはお友だちの体のどの部分が危ない?」
子ども:「目とか?」
先生:「そうだね! 剣はお友だちの顔に向けないこと。もし目に当たってしまったら見えなくなることもあるよ! 剣は絶対に人に向けない! お約束だね!」

第5章　子どものヒヤリハット認知能力を高めるための塗り絵教材の開発的研究（Ⅰ）

表5-9　場面23「4人で食事中」に関する回答の一例

タイトル「楽しい給食」
先生：「これは何の絵かな？　今から何が始まるかな？」
先生：「楽しみにしていた給食が始まる絵だね。この絵をみて、みんなはどう思う？」
先生：「楽しそうにみんな待っているね。早く食べたくて待ちきれない様子だね」
先生：「でも、こうやって待っているのはどうかな？　スプーンやはしで遊んでいる子がいるね」
先生：「これはどう思うかな？」
先生：「楽しくなって、お友だちと戦いごっこが始まってしまうかもしれないね。ふざけていて、それがだんだんお友だちの目や顔などに"チクン"ってささってケガをしてしまうかもしれないね」
先生：「危ないから、どうやって待っていたらいいかな」
先生：「スプーンやはしは机に置いておいて、手はひざに置いて待っているといいね」

表5-10　場面27「座ったイスでブラブラ」に関する回答の一例

タイトル「おっとっとっと…」
保育士：「さぁーて、この子は今何をしているのでしょうか？」
子ども：「イスに座っとる！　なんかこけそう」
保育士：「ほんまやなぁー、なんか危なそうやなぁ。この子どうなるんやろなぁ？」
子ども：「イスから落ちる！　転ぶ！　頭打つ！　血出る！　救急車に乗る」
保育士：「ほんまやなぁ。ひっくり返りそうやなぁ。頭打ちそうやね。どうしたらいいんやろね。この子に教えてあげる言葉はない？」
子ども：「ちゃんと座らんとあかんで。ちゃんと座っとらんとこけるで」
保育士：「その通り！　みんなも気をつけよな」

表5-11　場面32「水筒を振り回す」に関する回答の一例

タイトル「ぶんぶんぶんっ」
保育士：「これは何をしてる絵かな？」
子ども：「水筒まわしてるー」（3歳児の設定）
保育士：「そうだね！　水筒まわしてるね。後ろにもお友だちがいるね。こうして回しているとどうなるかな？？」
子ども：「当たるー」「当たって痛くなるー」
保育士：「そうだね。ぶんぶん振り回していると後ろのお友だちに当たるかも知れないよね。じゃあ、どうしたらいいのかな？」
子ども：「手でちゃんと持つ」「首にかける」
※子どもから出て来なければ保育士がここに辿りつくように言葉を捕捉します。
保育士：「そうだね！　手で持ったり、首にかければお友だちに当たらないよね。みんな出来るかな？」
子ども：「はーい!!」

表5-12 場面33「ブランコ遊びと傍観」に関する回答の一例

タイトル「ブランコのまわりは危ないよ」	
保育士：	「みんなはブランコでよく遊ぶよね。その時に危ない‼と思ったことはないかな？？」
保育士：	「どういうことがあるかな？」（子どもの反応、考えを聞く）
保育士：	「そうだね。ブランコは急には止まれないね。もしも前や後ろにお友だちがいたらどうかな？　ぶつかってケガをしてしまうよね。とても危ないよね」
保育士：	「ブランコに乗る時、どんなことに気をつけたらいいかな？」
子ども：	「ブランコに乗る人は気をつけて乗る」「順番を守る」「ブランコのまわりには行かない」
保育士：	「そうだね、これからブランコで遊ぶ時は、まわりをよく見て、急にとび出したりしないように、ブランコに乗る人も待つ人も約束を守って乗ろうね」

図5-2　場面38「すべり台で向かい合う」

表5-13　場面38「すべり台で向かい合う」に関する回答の一例

タイトル「すべり台、大丈夫かな？」	
先生：	「すべり台に、上にいるお友だちと下にいるお友だちがいるよね。大丈夫かな？」
子ども：	「？　？　？」
先生：	「上のお友だちが降りてきたら、下のお友だちどうなると思う？」
子ども：	「下のお友だちにぶつかる！」
先生：	「そうだね、下にお友だちがいる時はまだ滑らない方がいいね。じゃ、下にいるお友だちはどうしたらいいのかな？」
子ども：	「滑ったらどいてあげるし、逆さ登りはしないよ」
先生：	「そうだね、滑ったらすぐにどく、逆さ登りはしない。お約束が守れれば、怪我をしないよ」

第4節　まとめ

　ほとんどすべての回答が、描画を使った安全教育の目的に沿った記述内容になっていた。すなわち、これらの描画場面が危険感受性や安全意識の高揚に使用できるという判断に基づいた記述内容であったと考えられる。記述は描画を使って解説しており、保育・教育者が描画場面を子どもたちに見せながらどのように解説・説明するかがわかりやすくまとめられていた。得られたスクリプト（脚本、せりふ）は非常に似通っていた。最初に描画の場面に注目させ、危険な行為に気づかせ、そこから導かれる危険な結末との間の「不適切な危険行為─事故の結末」という時系列的な関係を理解させ、それに基づいて回避策を説明・指導しようとしていた。
　これらを子どもたちに提供し、塗り絵作業を促すことによって、より注意を喚起することができると考えられよう。次の研究6では、これら帰納的に得られたスクリプトが別の新しいヒヤリハット場面においても見出されるかどうか、すなわち現職者が通常に用いるようなスクリプトであるかどうかを確認していく。

要約

　子どもの事故防止策を構築するために、現職の保育・幼児教育者95名から得た事故直前のヒヤリハット場面を要約整理し、40場面の描画を塗り絵教材用として作成した。そして、それを別の保育・教育現職者123名に依頼し、どれが適切であるかの判断を求めた。同時に、その描画を使って安全指導をする時の解説用シナリオの作成も依頼した。選択回答の多かった上位11場面について、得られた解説用シナリオの内容の特徴を検討しながらプロトタイプを抽出して、塗り絵教材としての可能性を探求した。

〈付記〉本章は、伊東知之・大野木裕明・石川昭義（2014）「子どもの安全意識を高めるための塗り絵教材の開発的研究」『仁愛大学研究紀要』（人間生活学部篇）6, 57-72 を大幅に改稿したものである。回答にご協力くださった皆様にお礼申し上げる。

附票3　ヒヤリハット認知を調べるための図版40

場面1

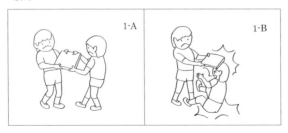

場面2

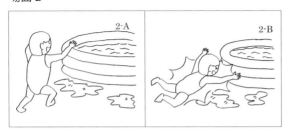

場面3

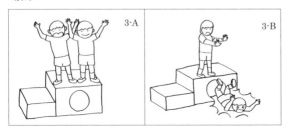

場面4

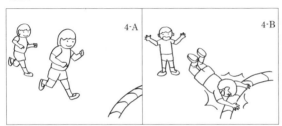

場面 5

場面 6

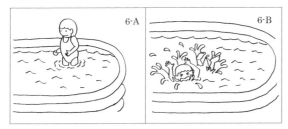

場面 7

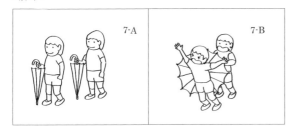

場面 8

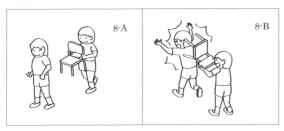

場面9

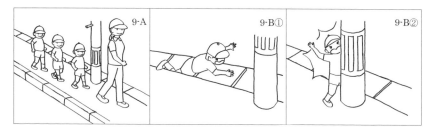

場面10

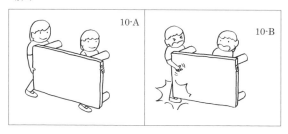

場面11

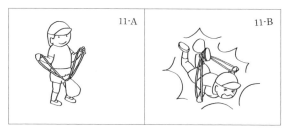

場面12

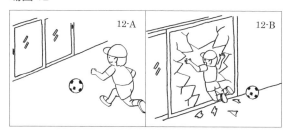

場面 13

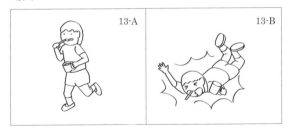

場面 14

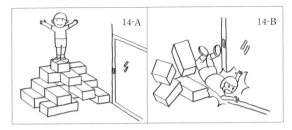

場面 15

場面 16

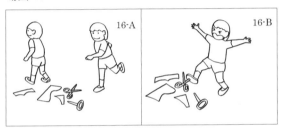

場面 17

場面 18

場面 19

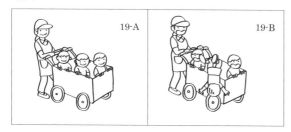

場面 20

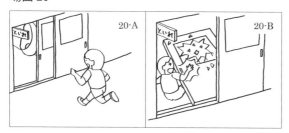

場面 21

場面 22

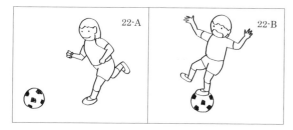

場面 23

場面 24

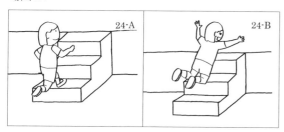

場面 25

場面 26

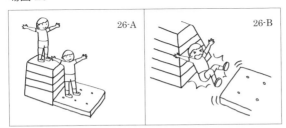

場面 27

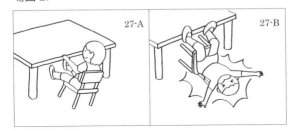

場面 28

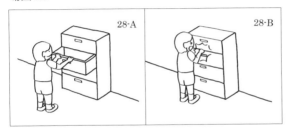

場面 29

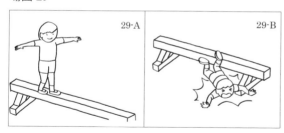

場面 30

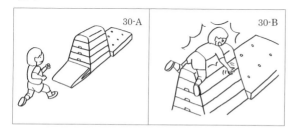

場面 31

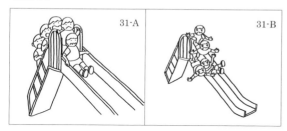

場面 32

場面 33

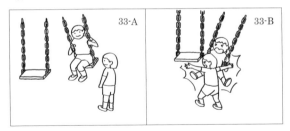

場面 34

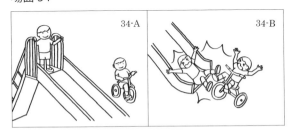

場面 35

場面 36

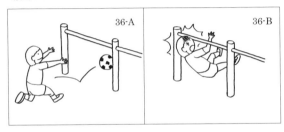

場面 37

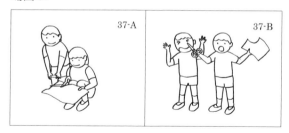

場面 38

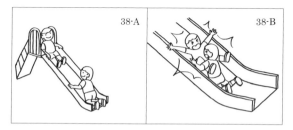

場面 39

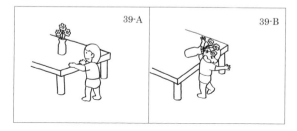

場面 40

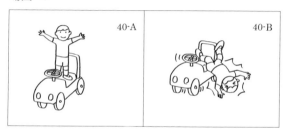

附票4 場面ごとの回答の要約

場面7「傘を持って並ぶ」に関する回答の要約

タイトル	結語
①「傘は大好きだけど危険もある！」	禁止・指導「そうやね。ケンカもダメやけどお友だちに尖った所を向けると危ないね」「傘は雨が降ってきたらお空に向かってさしてね」
②「パッと開いたら凶器だよ」	禁止・指導「前に人がいたら、少し離れて傘を広げましょう。人の目に当たるよ。むやみに傘を開かないよ。傘は遊び道具でないよ」
③「傘の使い方」	禁止・指導「そうやね。ケンカもダメやけどお友だちに尖った所を向けると危ないね」「傘は雨が降ってきたらお空に向かってさしてね」
④「雨が降っていないときは…」	示範・実技指導「子どもたちに実際にやってもらったりして、正しい持ち方を確認していきます」
⑤「雨が降ってきたらどうする？」	禁止・指導「横に向いてさしたり、少しお友だちとの間を空けてから傘をさすとよかったんだね」

場面13「歯磨き中に走る」に関する回答の要約

タイトル	結語
①「おっと　危ない　ハブラシ君」	禁止・指導「絶対にハブラシを口にくわえたまま歩いちゃダメだよ。こうやって、ハブラシはコップに入れて運ぼうね」
②「転んだら、どうなる？」	禁止・指導「歯みがきをする時は、絶対走ってはいけないよ。これから気をつけてね」
③「歯ブラシくわえて走っちゃや～よ」	約束「今日からみんなもハブラシをくわえないようにしようね。約束だよ」
④「くわえて走るとあぶない」	示範・指導指導「皆も歯みがきの時は歯ブラシをくわえたまま走らないでね」（年齢が大きい子によって、その他の危険を伝える）
⑤「歯ブラシはコップに入れて歩こうね」	約束「とても危険なことなのでクラスの中で、歯ぶらしはコップに入れて歩くことを約束する機会を持ち、絵を表示し促していく」
⑥「危ない！　歯ぶらしを口に入れたまま走らないで」	禁止・指導「歯ぶらしは手で持って、ゆっくり歩いてから片づけてね」
⑦「座ってしようね」	禁止・指導「口の中に入っていた歯ブラシがノドの奥に刺さって大きなケガになったりするんだよ。歯みがきは座ってしようね」

場面16「床にハサミ」に関する回答の要約

タイトル	結語
①「何か落ちているよ」	禁止・実技指導「足に刺さったら痛いよねぇ」「じゃあお片付けしようか」
②「あぶない！」	約束「みんながけがしない様に約束守って使おうね」
③「お片付けしないと危ないよ」	禁止・指導「使った物はきちんと片付けよう。特にハサミなどは危ないので、元の場所にお片付けしようね」
④「危ない物を使う時には考えよう」	禁止・指導「ハサミは尖っていて危ないから、使ったまんまにしないで元の場所に片付けようね」
⑤「使ったら片付けましょう」	禁止・指導「ハサミは危ないものだから忘れずに片付けしましょうね」

場面17「集団でなわとび」に関する回答の要約

タイトル	結語
①「なわとびの練習の仕方」	禁止・指導「なわとびをしている子に近づかない」
②「大好きな縄跳びで気をつけること」	禁止・指導「跳んでいる子の縄が顔に当たったりするよね。気をつけましょうね」
③「なわとびは楽しいけれど、危ないよ」	禁止・指導「後ろの子がなわとびしてる子に近づかない！」「跳んでいる子は周りに誰もいないことを確かめてから跳ぶといいよね」
④「なわとびの練習中」	禁止・指導「友だちがなわとびしている時は、近くに行かないで離れて遊ぼうね」
⑤「危ないよ、ストップ」	禁止・指導（なわとびをするコーナー、自由に走り回れるコーナーというふうにスペースを確保して遊ぶことを気づかせる。その方が安全だということを考えさせる）

場面21「チャンバラ遊び」に関する回答の要約

タイトル	結語
①「チラシバトルレンジャー」	約束「剣はお友だちの顔に向けないこと。もし目に当たってしまったら見えなくなることもあるよ！ 剣は絶対に人に向けけない！ お約束だね！」
②「これからどうなるかな？」	禁止：指導「これしたら大丈夫かな～痛くないかな～ってお友だちの事考えながら遊ぼうね」
③「チャンバラごっこだ～!!」	禁止・指導「顔に当たったりすると危ないね。目に刺さったりすると、目が見えなくなるかもしれないね。遊ぶのは楽しいけれど、気を付けなければいけないね」
④「剣の戦いごっこは楽しいけれど」	禁止・指導「絶対に目に入れるような、顔の近くで振り回さないようにしようね」「叩かれると嫌だよね。だから強く叩くのも止めようね」
⑤「戦いごっこ」	禁止・指導「お友だちのお顔には絶対に当ててはダメだよ」

場面23「4人で食事中」に関する回答の要約

タイトル	結語
①「楽しい給食」	禁止・指導「手はひざに置いて待っているといいね」
②「おいしい給食！ 楽しく食べよう！」	禁止・指導「おはしやスプーンは使わない時にはケースの中に片付けておくと壊れないし、自分やお友だちに刺さったりしないよね」
③「おはしは机の上に!!」	禁止・指導「おはしさん怒ると○○ちゃんに痛いことするから置いておこうね」
④「はしで遊ぶと危ないよ」	禁止・指導「お箸を振りまわしたりすると、お友だちや自分に当たったり、目に刺さって危ないから止めようね」
⑤「みんなで食べると楽しいね」	禁止・実技指導「こんな持ち方をしていて、手を動かしたり、振り回したりすると近くに座っている子の目や耳に入ったりして危ないです。みんなで楽しく給食を食べるためにも、おはしは右手にきちんと持って、正しい姿勢で食べましょうね」
⑥「楽しいお食事タイム」	禁止・指導「箸やフォークの正しい持ち方は知っているかな」

場面27「座ったイスでブラブラ」に関する回答の要約

タイトル	結語
①「おっとっとっと…」	禁止・指導「ちゃんと座らんとあかんで」
②「イスの座り方」	禁止・指導「イスに座って遊ぶと危ないからきちんと座ろうね」
③「足はペッタンコ」	禁止・指導「椅子に座る時は、足は床にペッタンしてくっつけて座ろうね。そうすれば、引っくり返らないよね」
④「イスで遊ぶのは危ないよ！」	禁止・指導「イスは机にくっついて座れるようにきちんと置いて正しく座るようにしようね」
⑤「正しく椅子に座りましょうね」	禁止・指導「手をグーにしてお腹と机の間に入るくらい椅子を前に出して正しく座りましょうね」
⑥「きちんと座りましょうね」	示範・実技指導「未満児（1歳児）では何度注意をうながしても、なかなか理解できず同じ行動をくり返すので（言われた時だけはするのを止めますが）ケガのないよう注意を払い、子どもごとイスをひっくり返してみて体験させることもある」
⑦「イスに座った時の危険」	示範・実技指導「下にして床に付けておくと危なくないね。そして待っている時は、手をおひざにしていると怪我をしないし、お行儀がいいですよ。わかったかな」
⑧「このままだとどうなるの？」	禁止・指導「そうだね、今みんなが言ってくれたことをこれからも守ってね」
⑨「どんな座り方がいいのかな？」	禁止・指導「もしこの手が離れたら後ろにガタンって倒れちゃうよね。倒れたら頭打っちゃうよ。怪我しちゃうね。」「○○ちゃんにもぶつかっちゃうよ。お友だちにもケガさせちゃうね」

場面32「水筒を振り回す」に関する回答の要約

タイトル	結語
①「ぶんぶんぶんっ」	示範・実技指導「手で持ったり、首にかければお友だちに当たらないよね。みんな出来るかな？」
②「水筒の危険」	禁止・指導「振り回すと当たって怪我をするから危ないね。だから手に大事に持って歩くことが大事だね」
③「振り回したら危ないよ」	禁止・指導「振り回さないようにしようね」
④「あらビックリ‼ いつも使っている物が‼ こんなに危険なものになっちゃうんだよ」	示範・実技指導「水筒のひもを首から肩の方にまわしてかけると、両手も空いて使えるし、人に当たらないのでいいと思います。みんなもまわりをちょっと気にしながら水筒をかけて持って歩いて下さいネ」
⑤「水筒ふりまわし場面〜危険がいっぱい〜」	示範・実技指導「ひもを肩から斜めに下げて歩くといいですね。みんな守って下さいね」
⑥「どうやって持つといいかな」	禁止・指導「振り回さないでしっかり持つか、肩からかけて歩くと危なくないね」
⑦「人も水筒も怪我するよ‼」	禁止・指導「水筒を振り回すと危ないよ。お友だちに当たると、お友だちが怪我するよ。それに、水筒こわれたら大変だね。大事にしようね」
⑧「水筒はどうやって持つのかな？」	禁止・指導「水筒を持ってくる時は周りを見ながら手で正しく持つんだよ」
⑨「振り回すと危ないよ‼」	示範・実技指導「水筒の持ち方は手で持つのではなく、首からかけるようにして歩くといいと思いますので、みんなも守ってくださいね」

場面33「ブランコ遊びと傍観」に関する回答の要約

タイトル	結語
①「ブランコの前は危ないよ」	指導「ブランコの近くは通ったら危ないね。じゃあ、先生が危なくないようにブランコのまわりに線を描くから、その中には入らないようにしようね」
②「ブランコ大好き！ どうしたらいいのかな？」	指導「自分でも怪我しないように気を付けるけど、小さい子や忘れてる子にはみんなで教えてあげてね」
③「ブランコ遊びでのお約束」	指導「ブランコ遊びしているお友だちの前や後ろは、通らないようにしようね」
④「ブランコは楽しく乗ろうね」	約束「①ブランコの近くは絶対に通りません。②線の後ろに並んで待っている。③向こう側のブランコに乗りたかったら向こう側の線で待ちます等のルールを子どもたちと考え話し合って決めていきます」
⑤「ゆれるブランコあぶないよ」	禁止・指導「お友だちがブランコ乗っている時には、危なくないように離れて順番待とうね！」
⑥「順番を守って気を付けて遊べるかな？」	禁止・指導「皆が怪我しないように約束を守って遊ぼうね」（と図を指しながら話をする）
⑦「飛び出し注意‼」	約束「（ブランコの前後〈柵の中〉は入らず外を通るということをしっかり押さえてから…）みんな大好きなブランコ、約束を守って遊ぼうね！」
⑧「ブランコ大好き！ どうしたらいいのかな？」	禁止・指導「自分でも怪我しないように気を付けるけど、小さい子や忘れてる子にはみんなで教えてあげてね」

場面38「すべり台で向かい合う」に関する回答の要約

タイトル	結語
①「すべり台、大丈夫かな？」	約束「滑ったらすぐにどく、逆さ登りはしない。お約束が守れれば、怪我をしないよね」
②「すべり台の反対登りは止めようね」	禁止・指導「すべり台は反対から登ると危ないよ。お友だちとぶつかるから止めようね」
③「約束守ろうね」	約束「園ではすべり台は下から登らないことを約束している」（全園児が一緒に遊べる場所にあるので、すべり台に興味を持ち始めたころから、順番を守る、上に立たない、下からは登らないことを繰り返し言葉がけます）
④「あぶないよ どいて‼」	約束「みんなも反対から登ったりしないでね。約束できる？ もし誰かがうっかり登ってたらダメだよって優しく教えてあげてね」
⑤「すべり台、下から登ると危ないね」	禁止・指導「すべり台を下から登ると滑って転んじゃうかもしれないから危ないね。」「下から登ると、上から滑ってくる子にぶつかっちゃうから危ないね」
⑥「すべり台危なくないかな？」	禁止・指導「上からすべる時に、下にお友だちがいたら、滑らないで"ボク今からすべるからどいてね"って言って、お友だちがどいてから滑ろうね」
⑦「すべるとどうなる？」	禁止・指導「みんなでお約束や順番を守って楽しく滑り台で遊ぼうね」
⑧「すべり台で、安全に楽しく遊んで、みんな仲よし‼」	約束「滑り台は、階段から昇って順番に遊ぼうね」「滑る所からは昇らない」「みんな、お約束だよ！」

第 6 章

子どものヒヤリハット認知能力を高めるための塗り絵教材の開発的研究（Ⅱ）

第1節　問題と目的

　先の研究5（第5章）ではQアンドA型ヒヤリハット40場面に関して、これを現職者が子どもに対する危険感受性育成の教材として用いる時にどう教示・説明するかの脚本（スクリプト）の回答を依頼した。その結果、非常に具体的で生態学的妥当性の高い場面が得られ、またその時に使われるであろう教示・説明や子どもたちとのやり取りに関するスクリプトのプロトタイプを帰納的に抽出・要約することができた。本研究6では、それらのスクリプトの概略が研究5とは別のヒヤリハット場面の教材、別の現職者の場合においても見出されるかどうかを再確認して使用に耐えうるかどうかを吟味する。すなわち、研究5（第5章）で抽出した表5-1について、具体的には次の2点を中心に検討を加える。

目的1：表6-1の怪我・事故防止スクリプトが、抽出したヒヤリハット場面、別の現職者によるヒヤリハット認知の場面でも利用可能であると再確認できるかどうか。これは前報告とは別のヒヤリハット場面において、教材として使用する時の怪我・事故防止スクリプトの作成を現職者に依頼する。
目的2：QアンドA型の教材として実用に耐えうるかどうか。これは、多くの現職者に採用される場面がどのようなものであるかを調べる。

　なお、ヒヤリハット場面として、先の研究5（第5章）のように事前に塗り絵作業を使用する段階を踏むのは、その描画の場面設定を子どもたちが具体的に理解・意識化するのを促進させるためである。もちろん、必ずしも子どもたちの塗り絵行為の手順を踏まなくとも、教示によって注意喚起は可能であるとも考えられるが、そのことの可否は本章では扱わない。
　以下に研究方法と結果報告を行うのであるが、それに先立って、前報告で抽出した「怪我・事故防止のために注意・説得をする時の脚本の怪我・事故防止スクリプト」の解説をしておく。一例として、表6-2に「プールに早く入りたい」（研究5より）を示す。

第6章　子どものヒヤリハット認知能力を高めるための塗り絵教材の開発的研究（Ⅱ）

表6-1　描画を用いて怪我・事故防止の注意・説得をする時の脚本の概略（研究5より）

1. 子どもの興味・関心の喚起
2. 描画の中の不適切行為への焦点化
3. 引き起こされる危険な結末の予想
4. 「不適切行為→危険な結末」の因果関係の意識化
5. その回避策の立案
　　カテゴリーA：不適切行為の禁止→安全な結末
　　カテゴリーB：適切行為の遵守→安全な結末
6. 回避策の確認
　　カテゴリーA：禁止・指導
　　カテゴリーB：約束
　　カテゴリーC：示範・実技指導

注：抽出・要約した脚本（怪我・事故防止スクリプト）のプロトタイプ、A～Cの分類カテゴリーを前掲の表に付加してある。

表6-2　「プールに早く入りたい」の脚本例（研究5より）

①保育者：「プール好きな子？」
②子ども：「は～い」
③保育者：「みんな大好きだよね。先生もプール早く入りたいなぁ。でも、すぐに走って入りに行ったらどうなる？」
④子ども：「転ぶー」
⑤保育者：「そうだね。プールのまわりは水がいっぱい濡れているから走ると滑るね。滑ると怪我をして入れなくなるね。どうするといい？」
⑥子ども：「ゆっくり行く。歩いて入るー」
⑦保育者：「そうだね。ゆっくり入ってみんな楽しく遊びましょうね。」
⑧子ども：「はーい」

注：現職者からの回答の一例。

　表6-1と表6-2を対応・照合させながら、プロトタイプと怪我・事故防止スクリプトの実例とを照合する。表6-1の「1. 子どもの興味・関心の喚起」は、現職者が最初に描画を提示した際の現職者―子ども間のやり取りである。興味・関心の十分でない子どもたちには、塗り絵教材として事前に塗り絵作業をさせておく段階である。表6-2の具体的な脚本と対応させると、①保育者：「プール好きな子？」／②子ども：「は～い」の箇所が主としてこれにあたる。
　以下、同様にみていく。次の段階「2. 描画の中の不適切行為への焦点化」と「3. 引き起こされる危険な結末の予想」は、③保育者：「みんな大好きだ

よね。先生もプール早く入りたいなぁ。でも、すぐに走って入りに行ったらどうなる？」の箇所である。ただし、2と3の区別は必ずしも明確ではないことがあるかもしれない。

次の「4.『不適切行為→危険な結末』の因果関係の意識化」は、特に、④子ども：「転ぶー」の箇所である。保育士は、⑤保育者：「そうだね。プールのまわりは水がいっぱい濡れているから走ると滑るね。滑ると怪我をして入れなくなるね。どうするといい？」として子どもの発言を承認し、あわせて補足・確認している。最後の「どうするといい？」は困った場面の対策を考えるという問題設定になっている。この例では子どもたちに考えさせる怪我・事故防止スクリプトになっているが、実際には子どもたちからの発言が期待できないので、直接に現職者が教え込むこともあるだろう。

「5. その回避策の立案」は、問題設定に対する解答作業である。この例の場合、⑥子ども：「ゆっくり行く。歩いて入るー」の箇所である。分類カテゴリーとして、先の「不適切行為→危険な結末」について現職者が不適切行為の禁止を呼びかける場合は5A、「適切行為の遵守→安全な結末」を示す場合には5B、両方が併用されている場合には5A＋5Bと表記する。

最後の「6. 回避策の確認（禁止・指導、約束、示範・実技指導）」は、子どもから出た解答が正解であるかどうかの確認である。プール遊びそのものの禁止ではなく遊ぶ時の注意であることの確認も行っている。これは、⑦保育者：「そうだね。ゆっくり入ってみんな楽しく遊びましようね」／⑧子ども：「はーい」の箇所である。5と6は別々の段階としているが、実際には5だけで終わる場合もあれば、5と6が同様で区別しにくい指導助言のやり取りの場合もあるだろう。

このように、以上の内容が押さえられているかどうかについて個々に確認していくが、少なくとも2点について多少の選択肢・分岐点があることが想定される。第1は、怪我・事故防止スクリプトの1から6までのやり取りと思考の流れについてであるが、対象とする子どもたちの年齢が影響する可能性がある。低年齢の子どもたちにおいては回避策の問題設定や自発的な解答が出てこないので、現職者からの一方的な教え込み・説得によることが考えられる。これは保育観、子ども観、時間的な制約などにも依存する。第2は、禁止す

る内容や指導内容が言葉で説明しやすい内容か否かである。示範をしたり、実演させて承認する方が適切な場合がある。本章で、「6. 回避策の確認（禁止・指導、約束、示範・実技指導）」に関して可能な限り、「禁止・指導」をA、「約束」をB、「示範・実技指導」をCとして分類しておくのはこのためである。

　以上をまとめる。本報告では、現職者の協力を得ながら分析の対象とする子どもの日常的なヒヤリハット場面の教材候補を選ぶ。そして、その場面を危険感受性トレーニングの塗り絵教材（問題解決型）として用いるに際してどのような指導上の説明を行うのが無理なく適切であるかを、表6-1のプロトタイプと対照しながら脚本分析を行う。すなわち第5章（研究5）で帰納的に抽出した表6-1が、今回の新しいヒヤリハット場面で再び見出されるか否かを現職者への回答依頼によって調査的に確認する。

第2節　方　法

1. 描画の作成

　2013年8月に実施した現職の幼稚園教諭と保育士を対象とする幼児教育の研修会の参加者95名に対し、子どもの事故発生前のヒヤリハットする場面を自由記述してもらうように求めた。それらの場面を要約してA4判80場面の描画を作成した。このうち研究5（第5章）では40場面を使用したので、残余から36場面を選んだ（附票5）。これらはすべてこれまでと同様に場面A（事故や怪我の発生前のヒヤリハットする事前場面）と場面B（その後に事故や怪我の発生した事後場面）の対になっている。

2. 調査時期と回答協力者

　2015年8月に、幼児教育に関する研修会「教育現場の質をより高めるために」に参加した現職の保育士と幼稚園教諭に対して回答を依頼して協力を求めた。記入の不備等を除いた142名の回答を集計の対象とした。

3. 調査手続

　36場面から無作為に4場面を選び、それを2×2に配置してA3判用紙1枚に複写した。この各場面には事前場面Aのみを用いた。回答協力者はこのランダムに配布された1枚（4場面）の中から現場でもっとも指導が必要と判断する場面を1場面選び、この絵を塗り絵教材として使用する場合、事故防止のための注意喚起をする際の指導・助言内容（せりふ、怪我・事故防止スクリプト）をまとめることを求めた。調査の際に依頼する場面は36あるので、1場面あたりの被選択数は最大で15から16程度となる。回答は集団に対して行い、各自個別に所定の用紙に記述することを依頼した。なお、回答の依頼の直前には、場面Aと場面B（いわゆる事前事後）の36対すべてを連続してプロジェクターでQアンドA式に順に提示し、各自への依頼内容の理解を図った。

第3節　結　果

1. 場面の精選

　どの場面を何名が選んだか集計したところ表6-3のようになった。表6-3には36場面のうちで最低1名でも選択のあった31場面が掲載されている。表6-3のタイトルは暫定的に付けたものである。回答者からまったく選択されなかった場面は表6-3には掲載していない。場面の番号は通し番号であり、何かの優先順位を示すものではない。
　典型的な場面を抽出するために、約半数（15分の7ないし16分の8）の7件以上を目安として列挙すると、場面2（8名）、場面10（7名）、場面16（10名）、場面20（9名）、場面28（14名）、場面30（9名）、場面32（8名）、場面34（10名）が残り、以上を数えるとヒヤリハット場面数は8（表6-3の下線部分）、回答総数は75件（75名）となった。そこで、これらをもとに以下の分析を行うことにした。

表6-3 選択された場面の一覧

	場面	選択した人数		場面	選択した人数
1	前方に注意	2	20	砂場でぶつかる	9
2	歯磨き中に注意	8	21	木から落下	4
4	ひも遊び	4	22	鼻いじり	5
5	走ってぶつかる	5	23	イスの持ち運び	1
6	プールでふざけるとあぶない	6	24	おんぶで共倒れ	3
7	落っこちないように	2	26	棚を乗り越え落下	1
8	横転	3	27	イスからころぶ	3
9	首にかけないこと	1	28	ハサミを持って走らない	14
10	落とすと足にあたる	7	29	誤配でジンマシン	1
11	人に向けて投げない	3	30	飛び出して交通事故	9
12	開閉に注意	4	32	ハサミで手を切る	8
13	水中に落下	4	33	袋をかぶる	3
15	うんてい	1	34	木枝を持って走る	10
16	棚にのぼる	10	35	タマネギの皮むき	1
17	頭上から落下物	4	36	口にほおばりすぎ	4
19	樹の下で虫刺され	2		計	142

2. 場面ごとの検討結果

(1) 場面2（8件）「歯ブラシを持って走ってぶつかる」

　一例を表6-4に示した。表6-4に示した他の7件は次のようであった。
　①1、2、3、4、5A、6A ／②1、2、3、4、5A、6A ／③1、2、3、4、5A＋5B、6A ／④1、2、3、4、5A＋5B、6A ／⑤1、2、3、4、5A＋5B、6B ／⑥3、4、5A＋5B、6A ／⑦1、2、3、4、5A＋5B、6C。
　ここで、5の分類カテゴリーについては先に触れたように、「不適切行為→危険な結末」について現職者が不適切行為の禁止を呼びかける場合は5A、「適切行為の遵守→安全な結末」を示す場合には5Bとした。両方が併用されている場合には5A＋5Bと表記した。「6. 回避策の確認（禁止・指導、約束、示範・実技指導）」は、「禁止・指導」をA、「約束」をB、「示範・実技指導」をCとして分類した。①から⑦および表6-4をみると、5は5Bよりも5Aの方が多く、6は6Bや6Cよりも6Aが多いかのようであるが、もちろんケース数が大

きくないので統計的に意味ある傾向がどうかはわからない。以下も同様である。

(2) 場面10（7件）「作業をそばで見学」

表6-5に一例を示した。残りの6件は次のようであった。

①1、2、4、5A、6A／②1、2、4、5A、6A／③1、2、3、4、5A、6A／④4、6A／⑤2、4、6A／⑥2、6A。

同様に、5の分類カテゴリーについては、「不適切行為→危険な結末」について現職者が不適切行為の禁止を呼びかける場合は5A、「適切行為の遵守→安全な結末」を示す場合には5Bとした。両方が変容されている場合には5A＋5Bと表記した。「6. 回避策の確認（禁止・指導、約束、示範・実技指導）」は、「禁止・指導」をA、「約束」をB、「示範・実技指導」をCとして分類した。①から⑥および表6-5をみると、④⑤⑥のように不完全なスクリプトがみられている。これは、子どもたちに考えさせる思考プロセスは省略して、いきなり禁止を求めたスクリプトになっているためである。

(3) 場面16（10件）「棚に登って棚が倒れる」

表6-6に一例を示した。残り9件は次のようであった。

①1、2、3、4、5A、6A＋6C／②4、5A、6A／③1、2、3、4、5A、6A／④1、2、3、4／⑤1、2、3、4、5A、6A／⑥1、2、3、4、5A、6C／⑦3、4、5A、6A／⑧3、4、5A／⑨2、3、4、5A。

これらと表6-6の10件では②④⑦⑧⑨のように不完全なスクリプトもあれば、①③⑤⑥のように子どもの思考プロセスを保障するスクリプトもみられている。

(4) 場面20（9件）「スコップを振り回して当たる」

表6-7に一例を示した。残り8件は次のようであった。

①1、2、3、5A／②5A＋5B、6A／③5A＋5B、6A／④2、3、4、5A、6A／⑤1、2、3、4、6B／⑥1、2、3、4、6B／⑦1、2、3、4、5A、6A／⑧2、3、4、6A。

表6-4 ケース1

保育者（2、3）：	「みんなはこの絵を見て何が危ないと思いますか？」
保育者（2、3）：	「歯ブラシを持って走ると、持ったまま転び、その歯ブラシが自分に当たり、ケガをすることもありますね」
保育者（2、3）：	「それにもう1つ、前で歯磨きをしている子とぶつかり、歯磨きをしている子の歯ブラシが口の中に刺さり、ケガをすることも考えられますね」
保育者（4、5A）：	「だから、歯ブラシを持って走るのはやめましょう。また、歯ブラシだけじゃなく、保育室や廊下を走るのも　ぶつかったりして危ないからやめましょうね」

注：1～6は表6-1の怪我・事故防止スクリプトの主な該当番号。

表6-5 ケース2

先生（1）：	（絵を見せながら）「この2人の子たちは何をして遊んでいるところかな？」
子どもたち（1）：	「紙で何か作ってる所だよ」
先生（2）：	「そうだね。はさみで何か切っているところだね。よくこの2人を見てみてね。何か危ない事はないですか？」
子どもたち（2）：	（絵を見て考える）「はさみが机のはしっこに置いてあるよ」「セロテープもあるよ」（など、子どもたちの意見をたくさん聞く）
先生（3）：	「そうだね。危ないね。もし、隣で見ているお友だちの手が、セロテープやはさみに当たったらどうなるかな？」
子どもたち（4）：	「落ちてくる！」「血が出ちゃう！」
先生（4）：	「危ないね。はさみもセロテープも落ちてきたら大変だね」
先生（5B、6A）：	「工作をする時にはなるべく使う道具は机のまん中に置くようにしましょうね」

注：1～6は表6-1の怪我・事故防止スクリプトの主な該当番号。

表6-6 ケース3

先生（1）：	「絵を見て下さい。この子は何をしていますか？　そして、この後どうなると思う？　先生と一緒に考えて行きましょう」
先生（2、3）：	「棚に登っている様子がわかるね。では、この子はこのまま棚に登っていくとどうなるかな？」
先生（4）：	「そうだね。この子の重みで、棚が倒れて、この子は棚の下敷きになってしまうよね。そして、痛い思いをしちゃうよね。もしかしたら、大ケガをして病院へ行くことになるかもしれないよね」
先生（4）：	「では、この子は　どうすれば良かったかな？」
先生（5A）：	「棚は登るものではなく、本を入れたり物をかたづけるものだよね。だから、棚に登ってはダメなんだよね」
先生（5A）：	「みなさん、よく覚えて危ない事はしないようにしましょうね」

注：1～6は表6-1の怪我・事故防止スクリプトの主な該当番号。

①から⑧と表6-7では子どもの気づきに関わる思考プロセスを略した不完全な②③などもあり、1から6までを含む⑦のようなものもある。

(5) 場面28（14件）「ハサミをもって走り他者と衝突」

一例を表6-8に示した。残りの13件は次のようであった。このうちで、「お友だちが間違っていたらどうする？ あぶないよね。教えてあげようね」とA、B、Cのいずれにも該当せず、いわば子ども自身に役割を持たせることによって禁止行為を守らせる指導法をとる例が見出された。そこで、これを6のカテゴリーに追加してカテゴリーDとした（下線のケース）。

① 1、2、3、4、5A、6A／② 3、4、5A＋5B、6A／③ 3、4、5A、6A＋6B／④ 3、4、5A、6A＋6B／⑤ 1、2、3、4／⑥ 2、3、4、5A＋5B、6A／⑦ 2、3、4、5A、6B／⑧ <u>1、2、3、4、5A、6D</u>／⑨ 1、2、3、4、5A、6A／⑩ 2、3、4、5A、6C＋6C／⑪ 5A、6A／⑫ 1、2、3、4、5A＋5B、6A／⑬ 1、2、3、4、5A、6A。

このケースにおいては、5A＋5B、6A＋6Bのように社会心理学の研究で知られる「両面提示による説得的コミュニケーション」の指導・助言がみられた。また、現職者から子どもたちへの指導というよりも子どもたち同士の教え合い・学び合いを指示したカテゴリーDがみられた。

(6) 場面30（9件）「園から走って飛び出して自動車にぶつかる」

一例を表6-9に示した。残りの8件は次のようであった。

① 1、2、3、5B、6B／② 2、3、4、5A、6A／③ 4、5A＋5B、6A／④ 1、2、3、4、5A＋5B、6B／⑤ 1、2、3、4、5A、6A／⑥ 1、2、3、4、5A、6B／⑦ <u>2、3、4、5A、6D</u>／⑧ <u>1、2、3、4、5A、6A＋6D</u>。

⑦と⑧には子どもたちの教え合い・学び合いを勧めるスクリプト（カテゴリーD）がみられた。6Aのほか、①④⑥と表6-8には6Bもみられた。

(7) 場面32（8件）「置いてあるハサミで手を怪我」

一例を表6-10に示した。残りの7件は次のようであった。

① 5A、6A／② 3、4、5A、6A／③ 1、2、3、4、5A、6A／④ 3、4、5A、

第6章　子どものヒヤリハット認知能力を高めるための塗り絵教材の開発的研究（Ⅱ）

表6-7　ケース4

先生（1、2）：「この絵を見て」「何をしたらお友だちが嫌な思いをするかなあ」
子どもたち（3）：「砂をかける」「スコップを振り回す」など
先生（4）：「みんな、こんなことをされたら、どう思う」
子どもたち（2）：「いやー」「痛いー」
先生（4）：「そうだね。こんな事して、いいのかなあ？　ダメかなあ？」
子どもたち（4）：「ダメー」
先生（5A）：「じゃあ　みんなも　お友だちが嫌がったり痛い事はしないでおこうね」

注：1〜6は表6-1の怪我・事故防止スクリプトの主な該当番号。

表6-8　ケース5

保育者（2）：「ここに2人の友だちがいるよね。この2人の絵を見て　どう思うかな？」
子どもたち（2）：「ハサミがあぶない」（予想される言葉）
保育者（3）：「そうだね。ハサミの持ち方が危ないよね」
保育者（4）：「じゃあ、どんな風に持てば良いか、教えてくれる？」
子どもたち（5C）：（子どもにハサミを実際に持たせ、ハサミの使い方をやってもらう）
保育者（5C）：「そうだね。こういう風に持つとハサミの切れる部分（刃）が隠れるよね」
保育者（4）：「じゃあハサミを正しく持てば走ってもいいかな？」
子どもたち（4）：「ダメー」「あぶない」（予想される子どもの言葉）
保育者（4）：「そうだよね。走ってハサミを持つと転んだときに危ないよね」
保育者（6B）：「ハサミの使い方の約束を　みんなで守ろうね」

注：1〜6は表6-1の怪我・事故防止スクリプトの主な該当番号。

表6-9　ケース6

保育者（1、2）：「この子は何をしているのかな？」
子どもたち（2）：「走ってる」
保育者（3）：「そうだね。カバンをかけているから保育園から帰るところかな。このまま走って外に飛びだしたらどうなると思う？」
子どもたち（3）：「クルマが来たらぶつかる」
保育者（4）：「そう。クルマが来たらバァーンってぶつかって怪我しちゃうね。もしかしたら自転車やバイクが来るかもしれない。あぶないね」
保育者（5B）：「じゃあ、危なくないようにするにはどうしよう？」
子どもたち（5A＋5B）：「歩く」「止まる」「飛びだしたらだめ」「右左を見る」
保育者（6B）：「みんな　わかってるね。外に出る時は飛び出さない。止まって右左を見る。お母さんと一緒に出る。絶対、約束を守ってね」

注：1〜6は表6-1の怪我・事故防止スクリプトの主な該当番号。

6A／⑤3、4、5A、6A／⑥1、2、3、4、5A＋5B、6A／⑦1、2、3、4、5A＋5B、6A。

これまでにもみられたスクリプトがあらわれ、特に新しいスクリプトは得られなかった。

(8) 場面34（10件）「棒を持って走り、転んで顔を突く」

一例を表6-11に示した。怪我・事故防止スクリプトの1～6が含まれていて、5はA、6はBであった。残りの9件は次のようであった。6に関しては、「忘れている友だちがいたら教えてあげてね」「もし小さいお友だちが棒を持って走ってきたら、みんなは教えてあげてね」など、A、B、Cのいずれにも該当せず、いわば子ども自身に役割を持たせることによって禁止行為を守らせる指導法をとる例が見出された。そこで、これは表6-8と同様のカテゴリーに追加してカテゴリーDとした（表6-11）。

①1、2、3、4、5A、6A／②1、2、3、4、5A、6B／③1、2、3、4、5A、6A／④1、2、3、4、5A、6D／⑤1、2、3、4、5A＋5B、6B／⑥4、5A＋5B、6A／⑦4、5A＋5B、6A／⑧3、4、5A＋5B、6A／⑨1、2、3、4、5A、6B。

第4節　考　察

本研究では、現場で発生する多くのヒヤリハット場面から帰納的に抽出して得た怪我・事故防止スクリプト（表6-1、研究5より）が、新規のQアンドA型（問題解決型）場面についても再確認できるかどうかを検討した。36場面のうちで現職者の約半数以上が作成した8場面72怪我・事故防止スクリプトに関して、これらが教材として汎用性・実用性があると判断した。さらに、その怪我・事故防止スクリプトの内容を分析したところ、表6-1のスクリプトから大きく逸脱したスクリプトは認められなかった。以上から、表6-1の怪我・事故防止スクリプトは、教材として現職者の使用に耐えうる要件を満たしているものであると判断したい。なお、本章において分析の対象としなかったヒヤ

表6-10　ケース7

保育者（1）：「みんなでお絵描きをして、描けたらハサミで切ろうと思います」
保育者（2、3）：「みんなに聞きたいんだけど、ハサミって切れるし、危ないよね？」「この女の子のハサミの置き方　どう？」（子どもの意見を聞く）
子どもたち（3、4）：「手が切れそう」「あぶない」
保育者（5A）：「そうだよね。ハサミは　ちゃんと　人がいない方に向けて、危なくないように置いてね」「そして、切る時も気を付けてください」

注：1～6は表6-1の怪我・事故防止スクリプトの主な該当番号。

表6-11　ケース8

保育者（1）：「みんな、この絵を見て！　何してる絵なのかな～？」
子どもたち（2）：「棒を持ってる」「走ってる」「笑ってる」「リレーしてる」（さまざまな意見が出る）
保育者（2）：「そうだねー」
保育者（2）：「みんなは、この絵を見て　どう思ったかな？」
子どもたち（3）：「棒を持って走ると危ない」（なかには、「楽しそう」などの意見もあるかもしれない）
保育者（3）：「そうだねー、みんなの言うとおりだね。先生も　この男の子、ニコニコ笑ってるし楽しい絵かなと思ったけど、こんなに長くてとがった棒を持って走るのはとっても危ないことだね」
保育者（4）：「なんで棒を持って走ると危ないのかな～、みんなどう思う？」
子どもたち（4）：「転ぶ～」（年長児なのでただ危険というだけでなく、どんなことが危険なのかも一緒に考えたいと思う）
保育者（4、5A）：「そうだね。棒を持って走っていて、もし転んだら自分の目や顔、体に刺さって大ケガするね」「それから、向こうからお友だちも走ってきたりしたら、お友だちにも大ケガさせてしまうね。ダメだね～」
保育者（5A＋6D）：「もし小さいお友だちが棒を持って走ってきたら、みんなは教えてあげてね」

注：年長児を対象とする時。1～6は表6-1の怪我・事故防止スクリプトの主な該当番号。

リハット場面であるが、これらにはここで示したようなスクリプトがみられないということではない。サンプリングの問題として、汎用性に関する分析の対象から外したにすぎない。

　以上のようにＱアンドＡの問題解決型の教材のヒヤリハット場面とスクリプトが得られたわけであるが、この怪我・事故防止スクリプトにおいて1から4までの思考プロセスを保障する用い方と欠落した用い方の2通りについて言及をしておきたい。

　日常に忙殺される保育場面においては、何が問題なのかという思考的な気づきの時間を取るのか取らないのかは大きな分岐点であろう。もしも時間がかな

りあれば1から6までのスクリプトをたどることが可能である。しかしながら、短い時間しかないのであれば、理由の有無にかかわらず禁止だけをはっきりと告げることは現実的である。さらに、子どもたちの年齢も関わる。何が危ないのか理解できない年齢やQアンドAで示した時系列的な因果関係、すなわち怪我・事故へのみちすじは思考時間を保障しても発達的に理解が困難なことがある。安全管理や事故防止と、危険感受性やヒヤリハット認知の育成とは必ずしも同一ではないからである。

最後にカテゴリーDについて触れておく。カテゴリーDは、表6-11を一例として、「もし小さいお友だちが棒を持って走ってきたら、みんなは教えてあげてね」というような指導・助言のスクリプトである。これは当該の子どもたちに指導・助言をするのであるが、教育的な技法として子どもたちに他の子どもたちへの指導・助言の機会を与えることによって当人自身にも自覚を促すという機能があるのだろう。別の例でいうと親が子どもに「あなたはお姉ちゃん（お兄ちゃん）だから、妹（弟）にも教えてあげてね」などと述べる技法と通じる。A（禁止）、B（約束）、C（示範）のほかに本研究で得られたD（役割分担）のような技法も使われることが見出された。A～Cとあわせて有効な技法と考えられる。あらためてスクリプトをまとめると次のようである。

1. 子どもの興味・関心の喚起
2. 描画の中の不適切行為への焦点化
3. 引き起こされる危険な結末の予想
4. 「不適切行為→危険な結末」の因果関係の意識化
5. その回避策の立案
    カテゴリーA：不適切行為の禁止→安全な結末
    カテゴリーB：適切行為の遵守→安全な結末
6. 回避策の確認
    カテゴリーA：禁止・指導
    カテゴリーB：約束
    カテゴリーC：示範・実技指導
    カテゴリーD：役割分担

第6章　子どものヒヤリハット認知能力を高めるための塗り絵教材の開発的研究（Ⅱ）

　本書に示したヒヤリハット場面と上記のＱアンドＡ型説明・指導のスクリプトを具体的な実践にかけてアクションリサーチを重ねていくことが今後の課題として残されている。

要 約
　研究5で得られた怪我・事故防止スクリプトに従うプロトタイプの存在が再確認され、新たに怪我・事故防止スクリプトにおいて追補的な指導・助言カテゴリーD（役割分担の依頼）が見出された。以上に基づいて、これらのヒヤリハット場面を用いた問題解決型の教材の実用可能性についての総括を行った。

〈付記〉調査に回答いただいた現職保育士、幼稚園教諭の皆様にお礼申し上げます。本研究を進めるにあたり日頃よりご指導賜っております西村重稀先生（仁愛大学名誉教授）、三和優先生（仁愛女子短期大学教授、附属図書館長）にお礼申し上げます（注：協力者の所属・肩書きは論文発表当時のもの）。

附票5　ヒヤリハット認知を調べるための図版 36

場面1

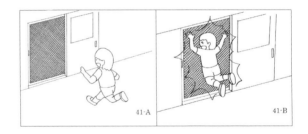

場面2

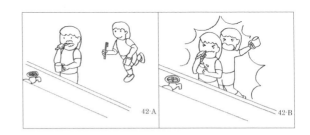

場面3

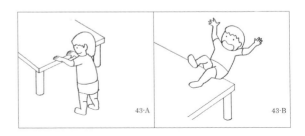

場面4

場面5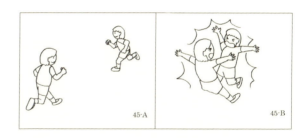

場面6

場面7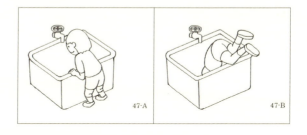

場面8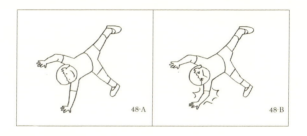

場面 9

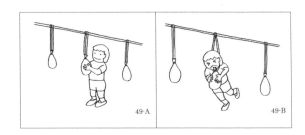

場面 10

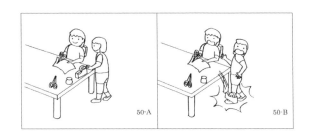

場面 11

場面 12

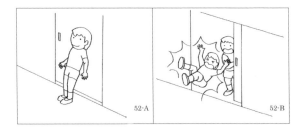

場面13

場面14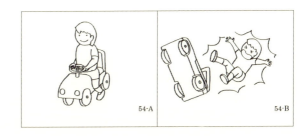

場面15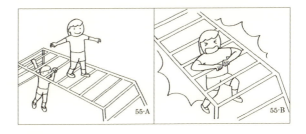

場面16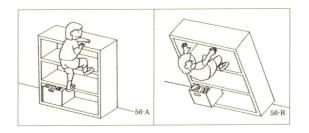

場面 17

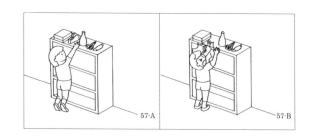

場面 18

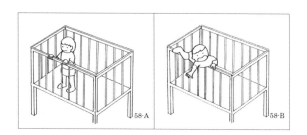

場面 19

場面 20

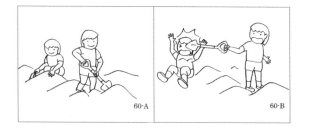

場面 21

場面 22

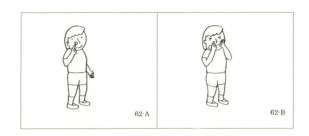

場面 23

場面 24

場面 25

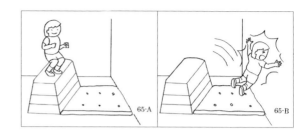

場面 26

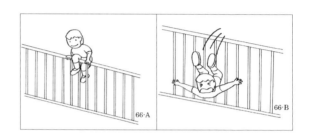

場面 27

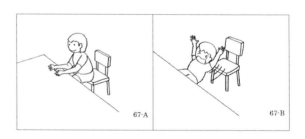

場面 28

場面 29

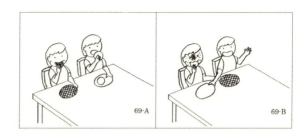

場面 30

場面 31

場面 32

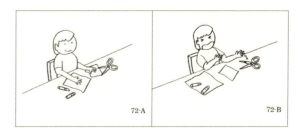

場面 33

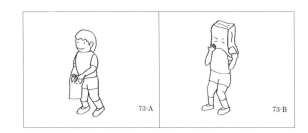

場面 34

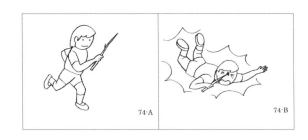

場面 35

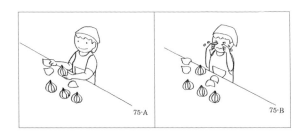

場面 36

第 7 章

総合的考察

第1節　本書の成果の位置づけ

　本書は、子どもたちの怪我・事故場面に関与する要因として個人のヒヤリハット認知能力に焦点を当てて、ヒヤリハット体験が保育・幼児教育の現場でどの程度の頻度で発生しているかや、その場面の共有化の現状を把握することであった。また、ヒヤリハット認知能力を育成するためのＱアンドＡ型図版の教材を開発することで現職研修や学生の実習事前指導の糸口を探ろうとするものであった。これらは保育士・幼稚園教諭養成や現職者の職能開発からみたキャリア発達の問題として捉えたので、志望大学生だけでなく700余名の現職者に回答協力を得て実施した。この最後の章では、得られた各章の成果を概略的に一括確認し、残された今後の課題についても若干の展望を行っていく。

　本書の大きな特徴は少なくとも2つある。その1つ目は、実施した6つの研究にはすべて現職の保育士・幼稚園教諭700名以上からの回答協力が得られたことである。このことは、現場においてこの種の研究が重要であることが現職者に理解されたものとして捉えたい。子どもの事故防止に対する人的要因の検討が重要であることは論を待たないことであり、我々もまたその必要性から調査研究を開始したのであるが、研究が進むにつれて現職者と我々養成校との間で、実習や現職研修に関わる連携が盛んになった傾向がみられた。このことは直接的には研究論文として数字に反映されることではないけれども、大学サイドの養成プログラムに大きな示唆を与えることとして位置づけることができた。もう1つの特徴は、多くの現職者が、ヒヤリハット場面と怪我・事故場面とが時系列的な連鎖であると捉えていたことである。これにより、ヒヤリハット認知を育成する根拠の1つとして位置づけられることが可能になり、保育・幼児教育の現場におけるヒヤリハット体験の共有化に実質的な寄与を志向する手がかりになったものと考えることができた。

第2節　結果の総括

1. 第1のアプローチ

　1つ目のアプローチは、(1) ヒヤリハット体験発生の実態把握、(2) 全国的な重大事故発生場面とヒヤリハット体験とが内容的に類似事態であるかどうかの評価である。このことについては第1章（研究1）と第2章（研究2）を充てた。概略をまとめると次のようになる。

第1章（研究1）：
　保育場面で発生するヒヤリハット体験について保育士197名に質問紙調査への回答を依頼し、以下のような結果を得た。
(1) 発生頻度について、75％以上の保育士が過去3か月のうちで、また75％以上の保育士が過去1年間のうちで少なくとも1回はヒヤリハット場面を体験した。
(2) ヒヤリハット体験の共有化について、自分のヒヤリハット体験を上司等に報告した保育士は75％以上、他の保育士の保育を目撃して自分が「ヒヤリ」「ハッ」とした経験は60％以上、子どもへの保護者の対応で保育士が「ヒヤリ」「ハッ」とした経験は75％以上、保育実習生の保育について保育士がヒヤリハット体験したことがあるのは65％以上であった。
(3) 上記の後者3つの間には有意な正の相関関係が見出された。
(4) しかしながら、当人にそれを伝えるかどうかについては、他の保育士へは50％程度、保護者へは40％程度にとどまった。
(5) 保育実習生が起こしたヒヤリハット体験について、保育士が当人に伝えると回答したのは85％以上であった。
(6) 保育経験年数と、「他の保育士」「保護者」「保育実習学生」の保育に関するヒヤリハット体験の数との間には有意な正の相関がみられた。
(7) ヒヤリハット体験の自由記述を田中ら（2003）の全国調査に基づく事故54場面と論理的に内容照合すると、子どもどうし、保育室、園内、遊具の場面

に分類されるヒヤリハット場面の事例が多かった。おもちゃ、園庭の場面に分類される事例は少なかった。
(8) 田中ら (2003) の 54 事故場面以外の自由記述では、新たに、誤飲、保育士と子どもの衝突、施設上の死角等についてヒヤリハット体験の報告が得られた。

第 2 章 (研究 2)：
　保育・幼児教育職を志望する大学生 143 名と現職者 93 名を対象にして、田中ら (2003) の全国事故統計に基づく子どもの事故場面 54 について、それらをヒヤリハット認知の場面として経験したことがあるか否か (質問 1、現職者と大学生の両群とも)、それらを現職者が学生指導を行うのに重要と考えるか否か (現職者向け質問 2)、大学生自身が今後の学習課題として受け止めるか否か (学生向け質問 2) に関して択一質問を行った。主な結果は次のようであった。
(1) 54 の事故場面をヒヤリハット体験のあった場面とみなした百分率の上位リストは、現職者群と学生群との間で高い一致度がみられた。
(2) 現職者群の方が学生群よりも田中ら (2003) の 54 事故場面についてのヒヤリハット認知平均値が統計的に有意に高かった。
(3) 現職者群が指導上で重要と考える事故場面は、学生群自身が今後の学習場面だとみなす場面とかなり一致した。
(4) 現職者群は自身のヒヤリハット場面を学生指導用の事故防止の場面として重要視する傾向がみられた。

　1 つ目のアプローチ (研究 1 と研究 2) から得られた成果は大きくは 3 つあった。1 つ目は、発生頻度の高さである。現場では自身のヒヤリハット体験が常態化しており、とりわけ回答者は他の保育士・保護者・保育実習学生の保育場面でもヒヤリハット場面を目撃し、これら 3 者の発生場面を目撃した回数の間には正の相関関係が見出された。また、目撃した回答者の保育経験年数もこれら 3 者との間で統計的に有意な正の相関関係が見出された。2 つ目は、園内でのヒヤリハット発生の共有化の現状についてであった。ヒヤリハット場面の共有化の対象には温度差がみられた。上司等への報告や保育実習生に対しての指導・助言では 70% 以上の多くが告げるものの、同僚保育士や保護者に対し

ては50％を下回った。3つ目は、ヒヤリハット場面と事故場面が発生事態として時系列的に関連性があるという経験値の評価であった。誤飲、保育士と子どもの衝突、施設上の死角におけるヒヤリハット場面はヒヤリハット場面の体験から得られたものであるが、それ以外では報告されたヒヤリハット場面と田中ら（2003）の事故場面の内容は子どもどうし、保育室、園内、遊具の場面においてかなりの一致がみられた。すなわち、全国的な統計による重大事故場面と、時系列的にみて事故直前ヒヤリハット場面とが内容的に類似事態であることが確認された。

　研究1からヒヤリハット場面が常態化していて、また重大事故場面54とヒヤリハット場面とが論理的に一致する場面が多かったので、研究2では重大事故発生からさかのぼって事前のヒヤリハット認知の高い場面を把握しようとした。また、キャリア発達の観点から、現職者と初学者（実習大学生）との間で、このヒヤリハット認知得点を比較しようとした。結果であるが、54の事故場面をヒヤリハット体験のあった場面とみなした百分率の上位リストは、現職者群と学生群との間で高い一致度がみられ、現職者の指導・助言にあげた場面と実習大学生の自学自習の場面とがかなり一致したこと、現職者群の方が実習大学生群よりもヒヤリハット認知平均値が統計的に有意に高かったことから、キャリア発達上のみちすじについての示唆が得られたものと判断した。現職者から実習学生（初学者）への指導・助言についても、現職者群は自身のヒヤリハット場面を学生指導用の事故防止の場面として重要視する傾向がみられ、一種の徒弟的な共有化があらわれているものと考えられた。

2. 第2のアプローチ

　2つ目のアプローチは、(1) 事前のヒヤリハット場面から後の重大事故発生を予想する主観的確率を場面ごとに定量的に把握すること、(2) 現職者と大学生の把握、および大学生の学年的変化を調べることであった。このことについては第3章（研究3）と第4章（研究4）を充てた。概略をまとめると次のようになる。

第3章（研究3）：

　ヒヤリハット場面に関する上述の研究1、研究2と事故統計による田中ら（2003）の54事故場面を踏まえてヒヤリハット認知を高めるQアンドA型教材（24場面）を開発した。現職者78名に教材としての意見・判断を依頼し、主として次のような結果を得た。

(1) 現職者の6割以上が適切と認めた場面は22場面、7割以上では18場面であった。
(2) 対象年齢として3歳用教材に適切と評価する場面がもっとも多かった。
(3) 5歳用教材に適切と評価する場面は少なかった。
(4) ヒヤリハット認知の描画場面をみて後に事故発生が起こると予想する確率は31%から69%に分布し、概してかなり高率の事故発生場面として評価された。
(5) 自由記述からは、子どもの共感性や道徳的判断といった認知能力や指導法に関する内容が含まれていた。

　以上のことから、おおむねヒヤリハット認知の教材として使用に耐えうることことがわかり、使用マニュアルを作成するにあたって年齢だけでなく認知発達的な視点を加味することが検討課題として残された。

第4章（研究4）：

　このQアンドA型教材（24場面）についてキャリア発達的な観点から調査研究を行った。幼児教育を専攻する大学1～4年生167名（同一学科）と研究3とは別の保育・幼稚園勤務の現職者95名に対して回答の協力を求めた。Q（ヒヤリハット場面）からA（事故発生）に至る主観的な確率の程度の判断を求め、これをヒヤリハット認知得点と定義して結果の分析を行った。主な結果は以下のようであった。

(1) 場面ごとにみると、24場面中の15場面において、大学生のヒヤリハット認知得点の学年差が見出された。しかし、学年の上昇に伴う得点の増減傾向は複雑なパターンを示し、必ずしも単調増加あるいは単調減少を示さなかった。
(2) 24場面全体の得点では、大学生群の方が現職者群よりもヒヤリハット認

知得点の平均値が統計的に有意に高かった。
(3) 大学生と現職者の合併データからは、24場面全体のヒヤリハット認知得点と保育経験年数との間に有意な負の相関がみられた。すなわち、経験年数の上昇と共にヒヤリハット認知得点が下降した。
(4) ただし、大学生4学年群についてみると、学年要因とヒヤリハット認知得点の間には有意な相関関係はみられなかった。

以上のことから、場面ごとにヒヤリハット認知得点の学年差（年齢差）には相違が認められるものの、保育経験年数とヒヤリハット認知得点とは負の相関を示し、現職者群の方が大学生群よりも平均値が低いことから、キャリア発達的には一般的な実務経験や場面・事故等の経験および共有化を含む保育経験年数に伴ってヒヤリハット認知得点が減少していくことと考えた。

3. 第3のアプローチ

3つ目のアプローチは、第5章（研究5）と第6章（研究6）から構成される。これらの章では、実際にどのような教示・説明をしながらヒヤリハット図版を教材として活用していくかについて、現職者に回答協力を依頼し、得られるそれぞれの具体的なスクリプト（脚本、シナリオ）を確認した。すなわち研究5では帰納的に教示・説明のスクリプトの典型（プロタイプ）が見出されるかどうかの作業を行った。研究6で別の現職者に対して別のヒヤリハット場面を提示して再度代表的なプロトタイプが回答から再確認できるかどうかを検討した。

第5章（研究5）：

現職の保育・幼児教育者95名から得た事故直前のヒヤリハット場面を要約整理し、40場面の描画を塗り絵教材用として作成した。そして、それを別の保育・教育現職者123名に依頼し、どれが適切であるかの判断を求めた。同時に、その描画を使って安全指導をする時の解説用シナリオの作成も依頼した。選択回答の多かった上位11場面について、得られた解説用シナリオの内容の特徴を検討するとかなり共通の内容が認められたので帰納的に説明・指導

教示のプロトタイプを抽出して、塗り絵教材としての可能性を探求した。
第6章（研究6）：
　研究5で帰納的に抽出して得た怪我・事故防止スクリプトが、新規のQアンドA型（問題解決型）場面について別の現職者142名の回答からも再確認できるかどうかを検討した。36場面のうちで現職者の約半数以上が作成した8場面72怪我・事故防止スクリプトに関して、これらが教材として汎用性・実用性があると判断した。

第3節　結　語

　QアンドAの問題解決型の教材のヒヤリハット場面とスクリプトが得られたわけであるが、この怪我・事故防止スクリプトについて2点言及する。
　日常に忙殺される保育場面においては、時間に余裕があれば1から6までのスクリプトをたどることが可能である。しかしながら、短い時間しかないのであれば、理由の有無にかかわらず禁止だけをはっきりと告げることは現実的である。さらに、子どもたちの年齢も関わる。何が危ないのか理解できない年齢やQアンドAで示した時系列的な因果関係、すなわち怪我・事故へのみちすじは思考時間を保障しても発達的に理解が困難なことがある。安全管理や事故防止と、危険感受性やヒヤリハット認知の育成とは必ずしも同一ではないからである。
　最後にカテゴリーDについて触れておく。このカテゴリーDは、「もし小さいお友だちが棒を持って走ってきたら、みんなは教えてあげてね」というような指導・助言のスクリプトである。これは当該の子どもたちに指導・助言をするのであるが、教育的な技法として子どもたちに他の子どもたちへの指導・助言の機会を与えることによって当人自身にも自覚を促すという機能があるのだろう。別の例でいうと親が子どもに「あなたはお姉ちゃん（お兄ちゃん）だから、妹（弟）にも教えてあげてね」などと述べる技法と通じる。A（禁止）、B（約束）、C（示範）のほかに本研究で得られたD（役割分担）のような技法も使われることが見出されたが、このような技法は幼児期に特有の効果的な技法で

あると考えられる。
　本書を構成する6つの研究の遂行にあたっては700名以上の保育士・幼稚園教諭の現職者から回答協力を経た。子どもたちの怪我・事故は現場で発生しているので、現職者の方々からヒヤリハット認知に関する研究の意義が認められたことは、現実的・具体的な事故防止策の一翼を担う報告であるとの位置づけに耐えうるものと考える。

初出一覧

本書は、主として以下に発表した論文等を部分的あるいは大幅に加筆修正したものである。

序　章：書き下ろし
第1章：石川昭義・大野木裕明・伊東知之（2009）「保育士のヒヤリ・ハット体験」『仁愛大学研究紀要』（人間生活学部篇）1, 39-52.
第2章：大野木裕明・石川昭義・伊東知之（2011）「保育士・幼稚園教諭・学生による事故防止策の評価――事故場面へのヒヤリハット認知」『仁愛大学研究紀要』（人間生活学部篇）3, 49-62.
第3章：伊東知之・大野木裕明・石川昭義（2012）「保育実習生のヒヤリハット認知を高める教材開発研究」『仁愛大学研究紀要』（人間生活学部篇）4, 39-52.
第4章：大野木裕明・伊東知之・石川昭義（2013）「子どもの危険な行為24場面に対する大学生のヒヤリハット認知の学年差」『仁愛大学研究紀要』（人間生活学部篇）5, 73-80.
第5章：伊東知之・大野木裕明・石川昭義（2014）「子どもの安全意識を高めるための塗り絵教材の開発的研究」『仁愛大学研究紀要』（人間生活学部篇）6, 57-72.
第6章：伊東知之・大野木裕明・石川昭義（2015）「子どもの危険感受性を育てるための問題解決型教材の開発」『仁愛大学研究紀要』（人間生活学部篇）7, 59-71.
第7章：書き下ろし

引用文献

青山邦彦（絵・文）（2009）『ヒヤリハットさんちへいってみよう！』ミサワホーム総合研究所発行／発売.

Bandura, A.（1969）*Principles of behavior modification*. New York: Holt, Rinehart & Winston.

Heinrich, H.W., Petersen, D., & Roos, N.（1980）*Industrial accident prevention*. New York：McGraw-Hill.〔ハインリッヒほか（1982）井上威恭（監）総合安全工学研究所（訳）『ハインリッヒ産業災害防止論』海文堂出版.〕

兵藤好美（2007）「看護学生のヒヤリ・ハット傾向と危険予知トレーニングの実践」『看護展望』32 (2), 185-192.

石川昭義・大野木裕明・伊東知之（2009）「保育士のヒヤリ・ハット体験」『仁愛大学研究紀要』（人間生活学部篇）1, 39-52.

石川雅彦（2006）「医療安全トレーニングのコンピテンシーと今後の展開（KYT から CRM, LOFT へ）」『看護管理』16 (3), 184-188.

伊東知之・大野木裕明・石川昭義（2012）「保育実習生のヒヤリハット認知を高める教材開発研究」『仁愛大学研究紀要』（人間生活学部篇）4, 39-52.

伊東知之・大野木裕明・石川昭義（2014）「子どもの安全意識を高めるための塗り絵教材の開発的研究」『仁愛大学研究紀要』（人間生活学部篇）6, 57-72.

伊東知之・大野木裕明・石川昭義（2015）「子どもの危険感受性を育てるための問題解決型教材の開発」『仁愛大学研究紀要』（人間生活学部篇）7, 59-71.

海保博之（2005）『ミスに強くなる！――安全に役立つミスの心理学』中央労働災害防止協会.

海保博之・田辺文也（1996）『ワードマップ　ヒューマン・エラー――誤りからみる人と社会の深層』新曜社.

川村治子（2003）『ヒヤリハット 11000 事例によるエラーマップ完全本』医学書院.

河鍋嚞（編）（2008）『保育の安全と管理』同文書院.

川島みどり（監）（2007）『学生のためのヒヤリ・ハットに学ぶ看護技術』医学書院.

National Research Council（1989）*Improving communication*. Washington D. C.: National Academy Press.〔吉川肇子（2000）『リスクとつきあう――危険な時代のコミュニケーション』有斐閣より参照〕

日本交通心理学会（編）（1993）『人と車の心理学 Q&A100』企業開発センター発行／清文

社発売.
大野木裕明・石川昭義・伊東知之（2011）「保育士・幼稚園教諭・学生による事故防止策の評価——事故場面へのヒヤリハット認知」『仁愛大学研究紀要』（人間生活学部篇）3, 49-62.
大野木裕明・伊東知之・石川昭義（2013）「子どもの危険な行為24場面に対する大学生のヒヤリハット認知の学年差」『仁愛大学研究紀要』（人間生活学部篇）5, 73-80.
田中哲郎（2006）『保育園における危険予知トレーニング——事故を防ぐリスク感性を磨くための』日本小児医事出版社.
田中哲郎（2007a）『新子どもの事故防止マニュアル（改訂第4版）』診断と治療社.
田中哲郎（監）（2007b）『住まいの安全を考える本——子どもの目の高さで安全点検』ミサワホーム総合研究所／発行・発売.
田中哲郎・石井博子（監）（2003）『すぐ役立つ救急ハンドブック』学習研究社（pp.148-152）.
山中龍宏（2008）「不慮の事故による傷害の予防と対処」汐見稔幸・佐藤博樹・大日向雅美・小宮信夫・山縣文治（監）小宮信夫（編）『安全・安心の環境づくり——地域で守る・自分で守る』ぎょうせい（pp.150-180）.

著者紹介

伊東　知之（いとう・ともゆき）
現職：仁愛大学人間生活学部子ども教育学科教授、子ども教育学科長
学歴：筑波大学大学院芸術研究科修士課程修了、芸術学修士（筑波大学）
専門領域：彫刻、美術教育
主な作品：『はじまりの形』（福井県福井市西公園設置、ブロンズ、1993年）
　　　　　『生彩』（福井県大野市三番通り公園設置、ブロンズ、2001年）
主な著書：『表現　幼児造形［実習編］』（共著、保育出版社、1995年）
　　　　　『幼児の造形――造形活動による子どもの育ち』（共著、保育出版社、2002年）
　　　　　『新米パパの子育てブック　パパチケット』（共著、福井県健康福祉部子ども家庭課、2010年）
　　　　　など

大野木　裕明（おおのぎ・ひろあき）
現職：仁愛大学人間生活学部子ども教育学科教授、キャリア支援センター長、
　　　福井大学名誉教授、放送大学客員教授
学歴：名古屋大学大学院教育学研究科博士後期課程修了、教育学博士（名古屋大学）
専門領域：教育心理学、発達心理学
主な著書：『フリーター――その心理社会的意味（現代のエスプリ）』（共編著、至文堂、2003年）
　　　　　『間合い上手――メンタルヘルスの心理学から』（単著、NHKブックス、2005年）
　　　　　『保育実践を支える保育の心理学Ⅰ』（共編著、福村出版、2011年）
　　　　　『改訂新版　心理学研究法（放送大学テキスト）』（共編著、放送大学教育振興会、2014年）
　　　　　『呼称の対人的機能』（単著、ナカニシヤ出版、2015年）
　　　　　など

石川　昭義（いしかわ・あきよし）
現職：仁愛大学人間生活学部子ども教育学科教授、人間生活学部長
学歴：名古屋大学大学院教育学研究科博士後期課程中退、教育学修士（名古屋大学）
専門領域：保育学、教育学
主な著書：『保育実践を支える保育の原理』（共編著、福村出版、2010年）
　　　　　『子どもを見る変化を見つめる保育――保育原理入門［第3版］』（共著、ミネルヴァ書房、2011年）
　　　　　『希望をつむぎだす幼児教育――生きる力の基礎を培う子どもと大人の関わり』（共編著、あいり出版、2013年）
　　　　　『保育者のためのキャリア形成論』（共編著、建帛社、2015年）
　　　　　『保育内容総論』（共編著、中央法規出版、2015年）
　　　　　など

子どもの事故防止に関する
ヒヤリハット体験の共有化と教材開発
──保育・幼児教育の現職者と実習大学生のキャリア発達から

2017 年 2 月 28 日　初版第 1 刷発行

著　者	伊　東　知　之
	大　野　木　裕　明
	石　川　昭　義
発行者	石　井　昭　男
発行所	福村出版株式会社

〒113-0034　東京都文京区湯島 2-14-11
　　　　　電　話　03（5812）9702
　　　　　Ｆ Ａ Ｘ　03（5812）9705
　　　　　http://www.fukumura.co.jp

印　刷	株式会社文化カラー印刷
製　本	本間製本株式会社

©T. Ito, H. Ohnogi, A. Ishikawa 2017
Printed in Japan
ISBN978-4-571-11040-5 C3037

落丁・乱丁本はお取替えいたします
定価はカバーに表示してあります

福村出版◆好評図書

七木田 敦・山根正夫 編著
発達が気になる子どもの行動が変わる！
保育者のための
ABI（活動に根ざした介入）実践事例集
◎1,800円　ISBN978-4-571-12129-6　C3037

発達障害が気になる子どもの行動に対する新しいアプローチ，ABI（活動に根ざした介入）の実践例を紹介。

茨城大学教育学部・茨城大学教育学部附属幼稚園 編
楽しく遊んで、子どもを伸ばす
●子育て・保育の悩みに教育研究者が答えるQ&A
◎1,500円　ISBN978-4-571-11039-9　C0037

数多ある子育て情報に翻弄される保護者の悩みに，教育学の専門家24人がその解決方法をわかりやすく回答。

中村みゆき 著
園生活がもっとたのしくなる！
クラスのみんなと育ち合う保育デザイン
●保育者の悩みを解決する発達支援のポイント
◎1,600円　ISBN978-4-571-12128-9　C3037

発達に偏りのある子が，園生活をたのしく過ごし，クラスのみんなと育ち合う保育デザインをわかりやすく解説。

M.ロックシュタイン著／小笠原道雄 監訳／木内陽一・松村納央子 訳
遊びが子どもを育てる
●フレーベルの〈幼稚園〉と〈教育遊具〉
◎2,500円　ISBN978-4-571-11034-4　C3037

幼児教育の礎を築いた教育家フレーベルの生涯と，彼の発明した遊具をカラーで紹介。付録・日本版読書案内。

田丸敏高・河崎道夫・浜谷直人 編著
子どもの発達と学童保育
●子ども理解・遊び・気になる子
◎1,800円　ISBN978-4-571-10158-8　C1037

子どもの発達の諸相を理解し，遊びの意味や実践，気になる子への対応など学童保育の実際と課題を学ぶ。

石井正子 著
障害のある子どもの
インクルージョンと保育システム
◎4,000円　ISBN978-4-571-12120-3　C3037

「障害のある子ども」のいる保育の場面で求められる専門性とは何か。「かかわり」という視点からの問題提起。

白數哲久 著
児童の科学的概念の構造と構成
●ヴィゴツキー理論の理科教育への援用
◎4,000円　ISBN978-4-571-10177-9　C3037

「科学的探究」を基軸として，子どもの科学への関心を高めるための理科の効果的な教授・学習モデルを提示する。

◎価格は本体価格です。